MARIE MANNSCHATZ

Meditación

Más claridad y paz interior

INTRODUCCIÓN A LA PRÁCTICA DE LA MEDITACIÓN

OCHO TÉCNICAS DE MEDITACIÓN

Ganar atención y paz interior

Para mucha gente, el tema de la meditación tiene algo de misterioso. Se sienten atraídos y escépticos a la vez. ¿Cómo es posible que la meditación abra las puertas hacia uno mismo? Todos hemos visto fotos de personas sentadas muy concentradas en el suelo, con las piernas cruzadas. En un monasterio es fácil imaginárselo, pero, ¿podemos llegar a concentrarnos y encontrar paz en la vida cotidiana a través de la meditación?

Como profesora de meditación, dirijo desde hace muchos años grupos de estudio en Europa y los Estados Unidos. En Occidente se ha extendido un estilo sencillo de meditación que se basa en sentarse en silencio y concentrarse. Este método de meditación tiene un efecto profundamente revelador. Podemos aprenderlo como si se tratara de una lengua extranjera o de clases de conducir. Cualquier persona capaz de controlar su atención y de pararse por unos minutos, puede meditar. Lo que puede obtener de ello dependerá de la aplicación que quiera darle. La meditación es una aventura diaria que le permitirá descubrir muchas cosas. Fuera todo es tranquilo, dentro se descubren puertas y mundos. Si siente curiosidad y desea experimentar este método, cultivado en numerosas culturas, de una forma moderna, invierta unas horas en este libro y estará dentro.

Marie Mannschatz

¿QUÉ ES LA MEDITACIÓN?
¿QUÉ ES LA ATENCIÓN?

Existen muchas técnicas de meditación. Puede observar
una pared blanca con los ojos abiertos o dirigir la mirada
hacia una rosa o una vela. Puede tumbarse y escuchar
música relajante. Algunos cantan un mantra, repiten
constantemente un salmo o respiran concentrados. Todo
esto tiene que ver con la meditación y nos aporta tranquilidad.
Cómo y por qué funciona, lo veremos en las páginas siguientes.

Curación para cuerpo y alma

¿Qué nos lleva a la meditación, y por qué tanta gente la practica sentada en silencio? Los motivos pueden ser muy variados, el objetivo es el mismo: la meditación pone en orden cuerpo y alma.

¿Le ha recomendado su médico que se compre un libro de meditación? Ya no es un secreto que la meditación baja la presión sanguínea, reduce la necesidad de medicación en las enfermedades crónicas y sirve de apoyo en el tratamiento del cáncer. Quizás haya leído que muchas estrellas de Hollywood reducen su estrés mediante la meditación y que Hillary Clinton la valora. Desde que en 1967 los Beatles posaron en pósters con su gurú Maharishi Mahesh Yogi, la meditación continúa su marcha triunfal en el mundo occidental. La revista TIME publicó en 2003 que diez millones de americanos meditan diariamente. En la última década esta cifra se ha duplicado. En Europa también aumenta continuamente el interés por la meditación. Una clínica en

Essen (Alemania) ha facilitado cursos de meditación a 3.000 pacientes y ha documentado científicamente los resultados del tratamiento. Cada vez son más los científicos que estudian el cuerpo en estado de meditación. Reconocen que la meditación refuerza el sistema inmunológico y modifica el cerebro.

Póngase en marcha

En mis cursos de meditación también aumenta año tras año el número de alumnos. El arte de la meditación va prescindiendo cada vez más de elementos religiosos y misteriosos. Los amuletos y cristales ahumados no forman parte de mi equipo. Si asiste a uno de mis cursos puede meditar sentado en una silla o en la posición de loto. Cualquier habitación tranquila es adecuada para ello. Pero ¿qué busca cuando asiste a un curso de meditación? ¿Una solución rápida para complejas situaciones vitales? ¿Desea encontrar el camino para crear posibilidades de cambiar de vida? ¿Sueña con poder respirar por fin profundamente? ¿Desea estar más sano? ¿Busca la feli-

cidad? Los motivos que llevan a la gente a la meditación son aparentemente diversos, pero la clave en todos ellos es la búsqueda de más paz interior y la resolución del carrusel de pensamientos. Confíe en la intuición interior que le ha motivado a tomar este libro entre sus manos. No puede equivocarse mientras no se fuerce a nada. No espere milagros. No se crea un jardín entre hoy y mañana. Siembre las semillas del interés y la concentración y riegue su planta con la práctica diaria. Los buenos resultados de la meditación son un regalo que le tocará en suerte si avanza con sus ejercicios de una forma abierta y positiva.

Métodos de meditación de este libro

Los métodos de meditación que voy a presentarle en este libro se llaman meditación de la atención y meditación metta.

Ambas técnicas han sido practicadas desde tiempos milenarios en los monasterios budistas. He optado por estos métodos porque son directamente aplicables en la vida cotidiana y mejoran de forma visible su calidad de vida. Su comportamiento en el lugar de trabajo y en sus relaciones, su trato consigo mismo y su propio cuerpo, todo ello se volverá más consciente y afectivo.

No hay que ser un monje para practicar los métodos de meditación de este libro.

Practicar la percepción consciente

Meditar significa estar atento ahora y conocer el objetivo de nuestra atención. Suena más simple de lo que es.

El punto en común de todas las técnicas de meditación es el esfuerzo por percibir una sola cosa, ver únicamente la rosa o la vela, escuchar únicamente nuestro sonido interior, sentir únicamente la sensación de la respiración. El proceso de meditación se desarrolla cuando se enfrenta con esta tarea aparentemente sencilla de permanecer en un única percepción sensorial.

Descubrirse a uno mismo

Sentirá resistencia, duda y miedo al intentar hacer esta única cosa. Le invadirá el desasosiego cuando se siente a meditar, se sentirá cansado, enfadado, pensará en mil cosas distintas y conocerá a un nuevo yo. Si permanece sentado, descubrirá indicios que le revelarán su postura frente a la vida. La tarea, que suena tan sencilla, se revelará como prácticamente inalcanzable. El espíritu salta como un mono salvaje de un pensamiento al siguiente, está lleno de fantasías y recuerdos. O se distraerá con imágenes internas, con sensaciones extrañas en el cuerpo, que aparentemente se vuelve tan ligero que desearía elevarse. Sólo siguiendo unas directrices precisas podremos sobreponernos ante la espesura de reacciones y disfrutar de los efectos beneficiosos y esclarecedores de la meditación (véase a partir de la página 48).

Estar espiritualmente despierto

Con la meditación practicará el ejercicio de dedicar en cada momento su atención a una única tarea. Mediante este ejercicio ampliará continuamente el campo de la percepción constante. Con ello estará construyendo una musculatura espiritual y se sentirá cada vez más fuerte. La energía que empleará meditando servirá para alimentar su alma. Con cada minuto de meditación estará alimentándose con néctar. Y esta fuerza le ayudará a avanzar cada vez hacia mayores profundidades, que sentirá como zonas de descanso, como fuente del ser o también como hogar interior. Mediante la meditación, practicará el despertar en el presente; al moverse, levantarse, tumbarse y sentarse; en todas las situaciones de la vida.

La fuerza de la atención

Cuando todavía somos bebés comenzamos a entrenar nuestra atención. Aprendemos a acercar la taza a nuestra boca, intentamos mantenernos en pie, y más tarde, siendo niños, se nos enseña a mirar a izquierda y derecha antes de cruzar la calle. Existe por lo tanto cierta cantidad de atención que está disponible para todos nosotros: la atención cotidiana.

La atención ilumina nuestro entorno

Como un rayo de luz, la atención ilumina todo lo que se encuentra. Dirigimos nuestra atención al trabajo, a los niños, a la gente que nos rodea, y con ello van progresando. La atención es energía espiritual. La atención significa llenarse de fuerza. Quien se pone en un escenario y recibe mucha atención, ve como aumenta su inspiración. Ser el centro de atención también puede ser inquietante. Cuando pensamos que las exigencias son excesivas para nosotros, evitamos la atención.

La atención se gasta

Día a día, está a disposición de nuestro espíritu un potencial de atención, de la misma forma que disponemos en el cuerpo de determinado potencial de energía. Este potencial se agota o se renueva en función de nuestras costumbres. Por la noche, tenemos a menudo menos atención que por la mañana. Un sueño profundo vuelve a recargar las baterías espirituales y corporales. Si hemos dormido mal, el nivel de atención será inferior que tras un estimulante paseo por el campo. El dolor del alma y del cuerpo daña la atención. Cuando sufrimos nos queda menos fuerza para las actividades cotidianas.

Controlar conscientemente la atención

Una vida plena precisa una variedad de formas de atención. Por eso, la meditación nos enseña a perfeccionar nuestra atención, a ampliarla y a aventurarse por caminos valiosos para nosotros. La atención es una fuerza que tiene efectos decisivos en nuestra vida. ¿Malgasta su atención haciendo zapping frente al televisor, o busca una actividad que alimente su atención? ¿Dedica usted su atención a personas que le hacen daño o a gente que le apoya? Siempre existe una decisión respecto al uso que le damos a nuestra atención, incluso cuando no es consciente. La decisión sobre a qué dedicamos nuestra atención determina nuestra calidad de vida. La atención se potencia por lo tanto en las personas que la ejercitan conscientemente. Si usted se mueve en un ámbito en el que se valora la atención, se volverá más despierto. Pero si todos a su alrededor están borrachos, es especialmente difícil ser el único despierto.

"Mi experiencia es aquello hacia lo que permito dirigir mi atención. La forma en la que uno dirige su atención hacia las cosas, determina en cada uno de nosotros qué tipo de mundo habita según sus propias ideas."
William James

La atención es la percepción consciente

Además de la percepción cotidiana, existe una forma de percepción elevada: la atención. La atención es la conciencia de la percepción. Si en el momento presente yo sé que estoy atento, y sé también hacia dónde dirijo mi percepción, entonces estoy alerta.

La atención nos trae al aquí y ahora

Usted crea su mundo únicamente a través de sus percepciones sensoriales. Los estímulos sensoriales sólo existen en el presente. Se oye sólo en este instante el sonido, se saborea en este preciso momento. Si ve, escucha, huele, saborea y siente con total atención y también sabe lo que en este momento ve, escucha, huele, saborea y siente, entonces usted está atento. Podría, por ejemplo, estar sentado frente al televisor comiendo una manzana y apenas percibir ni saborear, porque toda su atención fluye hacia escuchar y ver. De repente la

manzana ha desaparecido y se pregunta dónde se ha metido. Por un segundo despierta y se pregunta: "¿Dónde se ha metido la manzana? ¿Quién se la ha comido?". Pero usted también podría sentarse frente al televisor, percibir la manzana en su mano, morderla conscientemente, saborearla, notar cómo la traga y además escuchar y ver lo que sucede en la pantalla.

Es difícil percibir muchas sensaciones al mismo tiempo

Cuando existe un torrente de sensaciones, una percepción atenta se vuelve algo demasiado complicado. No hemos aprendido a tener presentes sensaciones simultáneas. Sobre todo el sentido visual es tan fascinante que muchas veces atrapa toda nuestra atención. De esa forma, olvidamos fácilmente las otras posibles experiencias que nos aportan también escuchar y sentir. Nos perdemos y dejamos de sentir las sensaciones que el cuerpo nos envía.

Cuando la percepción está atrapada en lo externo no somos conscientes de la vida interior hasta que el dolor la hace perceptible.

Percibir con todos los sentidos los detalles más pequeños: esto es la atención.

La atención tiene un efecto clarificador

La atención puede ayudarle a acabar con ese proceso y así poder registrar cada forma de percepción por separado: "Esto es lo que siento, así veo las cosas, estos son mis pensamientos." Si, por ejemplo, está realizando las tareas del hogar, perdido en sus pensamientos, no siente lo que tiene entre las manos y se corta en el dedo. No llega a ver lo que tiene delante de sus ojos y tropieza con el borde de la alfombra. Come y bebe más de lo necesario y después se encuentra mal. Hace daño a personas que quiere con palabras descuidadas. Con atención esto sería distinto. Usted "escucha" a una planta pidiéndole agua. Siente cuando necesita algo de tranquilidad, y apaga la radio. Percibe cuando se ha traspasado el límite y dice claramente "no". No se exige demasiado y hace una pausa.

La atención crea un equilibrio

La atención se dirige en la misma medida hacia dentro y hacia fuera, busca el equilibrio, el punto medio.

Esto tiene un efecto curativo y le pone en contacto con las necesidades ocultas, pues la atención es una fuerza de observación y de aceptación con efectos no superficiales, sino profundos. La atención permanece siempre en el presente y está preparada para procesar nuevos detalles. De aquí surge una comprensión de la vida que se obtiene a partir de la propia experiencia de observación. La atención no valora la experiencia, no juzga y tampoco interpreta. La atención está en condiciones de diferenciar, centrar y liberar.

Vivir la atención en la vida cotidiana

No le será difícil estar atento, ¡sólo tiene que recordarlo! En la vida diaria se olvida rápido que es bueno percibir conscientemente. Necesita asistencia para el recuerdo, un "despertador" que le diga: "Percibe lo que ahora sientes, oyes, piensas." Le puedo recomendar un truco: identifique una experiencia cotidiana que se repita frecuentemente como su "despertador". El semáforo rojo, el timbre del teléfono pueden servirle como recordatorio de su tarea de percibir hacia dónde fluye la atención. Esto requerirá un esfuerzo decidido que con el tiempo le fortalecerá mucho.

Ejercitarse poco a poco

Los *músculos* espirituales se forman siguiendo el mismo principio que los músculos corporales. Se comienza con ejercicios sencillos y lentamente va aumentando la capacidad de resistencia. Con cada instante que asimila despierto, se vuelve más y más presente en el momento actual. Su interés por la vida crece, se intensifican las experiencias sensoriales: tienen la sensación de una existencia plena. Mediante el ejercicio de la atención entrará la tranquilidad en su vida diaria.

La meditación es atención continuada

La investigación del proceso de percepción mientras estamos sentados en silencio posibilita el acceso a niveles de la conciencia que normalmente no están disponibles en la vida cotidiana. Establecerá conexiones y tendrá experiencias reveladoras que en el lenguaje de la meditación se conocen como "visiones". De pronto usted sabe con total precisión lo que es correcto, lo que es cierto. Una verdad de este tipo no es discutible, dado que usted la ha vivido personalmente. De esta forma, la atención crea una relación entre usted y el mundo y se ocupa de que usted se sienta consigo mismo realmente como en su casa. Si usted siempre se esfuerza por concentrarse y enfocar su espíritu en una percepción, cada vez estará más concentrado. La tranquilidad que surge en su interior a partir de entonces, la disfrutará como un espacio para la felicidad. Esto le enriquece no sólo en el momento, sino que le incita a seguir practicando la meditación.

Encontrar tiempo libre en la vida cotidiana

Quizás llegue a surgir la necesidad de alargar los momentos de silencio. Esta forma intensa de atención la puede practicar en un centro de meditación (direcciones en el anexo). La meditación diaria tras disponer de tiempo libre como éste le resultará entonces aún más sencilla y más profunda.

> "La experiencia no es lo que nos sucede, sino lo que sacamos de ello."
> *Aldous Huxley*

Meditación de la atención: enriquecer la vida

Con la ayuda de los cuatro campos de práctica de la meditación de la atención se puede entrenar la atención y extenderla a todos los ámbitos de la vida.

Después de que usted haya adquirido una primera impresión de la importancia central de la atención en la meditación y la vida cotidiana, me gustaría presentarle la meditación de la atención, que Buda desarrolló y enseñó hace dos mil años. Esta meditación le aporta lucidez y una visión de conjunto para todos los aspectos de la vida. Asumirá más responsabilidad sobre su salud. Aprenderá a separar lo esencial de lo superfluo. Las relaciones se comprenderán más fácilmente. Desarrollará competencia en el trabajo, confianza en sus sentimientos. Si hasta ahora le había costado acceder a sus necesidades, ahora desarrollará un mayor conocimiento de su motivación e intuición. Los cuatro campos de práctica de la meditación de la atención abarcan toda nuestra existencia. Para poder aprender de la experiencia necesitamos ser conscientes de todos los procesos

del cuerpo y el espíritu. La meditación de la atención se dirige por ello hacia la percepción consciente de los movimientos y sensaciones que nuestros sentidos nos transmiten. El cuerpo es la forma, el recipiente en el que nos movemos por este planeta. El espíritu da vida a esta forma. Sin el espíritu, el cuerpo no tiene vida. Sin el cuerpo, el espíritu no puede expresarse. El recipiente y el contenido son estudiados en la meditación de la atención.

1. Sentir el cuerpo

En primer lugar, la atención se dirige a la percepción del cuerpo, dado que el cuerpo es nuestra ancla en el aquí y ahora. No podemos sentir lo que ocurrió ayer o lo que pasará mañana. El cuerpo vive solamente en el presente. Cuando una persona medita es consciente de la postura de su cuerpo. Por explicarlo fácilmente, uno sabe si está tumbado, sentado, de pie o en marcha. ¿Puede usted experimentar conscientemente cuándo y cómo se mueve su cuerpo de una situación a otra y cómo lo asume usted? ¿Qué movimientos internos y externos pueden reconocerse en esta situación?

Comprender las posiciones del cuerpo

Al continuar investigando, se pregunta: "¿Cómo estoy tumbado, me siento y camino? ¿Cómo yergo la cabeza, los brazos, las manos, cómo cargo las piernas, cómo oscila la pelvis al caminar, cuán relajado está el vientre, hacia dónde se dirige la mirada, qué músculos se relajan?". El cuerpo humano tiene casi 800 músculos, que reaccionan tensándose frente al estrés. Simplemente a través de la atención puede aprender a relajar la tensión muscular crónica. En el cuerpo hay infinitas sensaciones que experimentar. El sentido del tacto explora lo que le rodea e indaga en el movimiento en el interior. La gravedad causa un rozamiento continuo. En todas las posiciones corporales puede sentir el contacto con el suelo bajo usted, así como el respaldo de la silla, el borde de la mesa, los cojines del sofá. Tumbarse, sentarse, estar de pie, andar, son las posiciones básicas que presentan cientos de variantes. Experimente lo rápido que cambia su cuerpo: posición, expresión facial, color de piel, elasticidad, latidos del corazón, respi-

ración, digestión… todo está en movimiento y cambio continuo.

Respetar los límites de nuestra resistencia

Cuanto más atentamente escuche a su cuerpo, mejor podrá comprender las reacciones vegetativas y así reconocer los límites de la resistencia. Respetará ahora los límites del agotamiento, hará pausas cuando las necesite, y de tal forma impedirá que aparezcan enfermedades. Aprenderá a crear un equilibrio, a evitar los extremos y a decir "no" a tiempo.

Respirar conscientemente

La existencia humana comienza y termina con la respiración. Tomar y expulsar el aire le pone en conexión directa con la vida y la muerte, con el control y la liberación, ya que usted puede respirar voluntaria o involuntariamente. En la meditación de la atención, el ejercicio principal es la experiencia consciente de la respiración, ya que en la respiración se refleja toda la existencia. La respiración es el puente entre el cuerpo y el alma, conecta y armoniza la experiencia de lo superfluo y lo esencial. En la respiración pueden leerse los estados del alma y los sentimientos.

Sentir conscientemente la respiración no significa en absoluto dirigirla o controlarla. Deje que su respiración siga su curso natural, como un río que busca su camino sin obstáculos externos. Cada inspiración es diferente, y sin embargo, existen muestras y regularidades que deben ser descifradas como un idioma.

Cuando está nervioso respira de otra forma que al despertarse de una siesta. Una doctora me contó que enseñaba a las madres en África a contar las inspiraciones por minuto de sus bebés para saber cuándo necesitaban asistencia médica.

Comprender la respiración

Cada persona debe tener una comprensión individual de su respiración, de sus límites y posibilidades. En una ocasión, un alumno de una clase de meditación le dijo a su profesor: "Encuentro increíblemente aburrido tener que sentir conscientemente la respiración todo el tiempo". Entonces, el riguroso profesor, un maestro zen, tomó al alumno de la camilla y sumergió su cabeza durante un largo período bajo el agua. Cuando el alumno sacó finalmente la cabeza del agua carraspeando y tosiendo, el profesor le preguntó: "¿Le sigue pareciendo aburrida la respiración?"

Dejar crecer la atención de la respiración

Nadie sabe cuándo llegará su último aliento. Cada inspiración merece nuestra total atención. Pero no debe agobiarse por esto. La atención a la respiración crece durante muchos años. Puede ser que a su respiración no le agrade esa inhabitual atención. En ese caso, deberá aproximarse furtivamente, "olvidarla" benevolamente, observarla de vez en cuando, como a un niño al que mira con el rabillo del ojo, sin asustarlo.

2. Percibir sentimientos

Además de la respiración, las emociones son un eslabón adicional entre cuerpo y alma. Se reflejan claramente en el movimiento de la respiración. En ocasiones, podemos percibir pri-

mero el nacimiento de un sentimiento por la intensificación de la
respiración... Los sentimientos se acu-
mulan en capas y se hacen evidentes
como un movimiento en el cuerpo,
una vibración del espíritu. Los sentimientos se forman y se disipan, nos
apasionan y nos inundan, van y vienen a su propio ritmo de igual forma
que la respiración. En la meditación
(pág. 64) nos ocupamos de dar a cada
sentimiento un espacio y de no cen-
surarlos. En el ir y venir de los sentimientos se hace evidente la incesante
modificación de la existencia, igual
que en la percepción consciente de
los procesos corporales. En un nivel
básico, podríamos dividir todos los
sentimientos y sensaciones de cuerpo
y alma en tres categorías: en primer
lugar los agradables, en segundo lugar
los desagradables y en tercero los que
no son ni una cosa ni otra, los sentimientos denominados "neutrales".
Estos últimos son sin embargo infre-
cuentes. Rabia, nostalgia, frustración,
vergüenza, deseo, entusiasmo, venganza; todas nuestras complejas variantes en cuanto a sentimientos
parten de las tres valoraciones básicas
y de nuestras respuestas a ellas.

Los sentimientos se mueven en una dirección

Si indaga a fondo podrá detectar en el
núcleo de todos los sentimientos un
movimiento interno. Algunos sentimientos los buscamos, otros los evitamos o intentamos cambiarlos.
Rechazo o consentimiento, buscar o
repeler, agradable o desagradable:
siempre estamos obligados a dejar
simplemente un sentimiento y mantenernos en nuestra atención de
forma que fluyan y se puedan trans-
formar. En la meditación no quere-

Perciba los
altibajos de su
ánimo sin
entrar en
valoraciones.

mos reprimirlos, pero tampoco expresarlos.

La inteligencia emocional se puede aprender

Le puede resultar de mucha ayuda distinguir en la meditación qué movimiento interno y perceptible del cuerpo está relacionado con una emoción y cuál será su respuesta. No siempre querrá reaccionar inmediatamente ante un sentimiento. Las reacciones espontáneas resultan liberadoras, pero también pueden ser destructivas. La inteligencia emocional le ayuda a ponderar en qué situación es adecuado qué comportamiento. Necesitamos la capacidad de gestionar de tal forma nuestros sentimientos que estemos de acuerdo con ellos. La convivencia humana está más condicionada de lo que nos gustaría por los sentimientos. Para los analfabetos emocionales es difícil afirmarse emocionalmente. Sólo cuando podemos comprender las reacciones de nuestros sentimientos podremos simpatizar con los sentimientos de los demás y comprender entonces sus reacciones.

La atención refuerza la autoestima

Para conseguir un comportamiento ético y un buen contacto es tan importante la inteligencia emocional como la inteligencia cognitiva. La meditación de la atención le sirve de apoyo para practicar una percepción diferenciada de los sentimientos, para reconocer y aceptar sentimientos en uno mismo y en los demás. Su autoestima y su conciencia de sí mismo aumentan con la práctica de la atención, de la misma forma que su empatía y su tolerancia.

3. Reconocer pensamientos

Cuando en la meditación usted dirige su atención hacia la percepción del movimiento respiratorio, pronto se dará cuenta de que sus pensamientos le apartan de su tarea. Se pierde en sus pensamientos. Olvida la respiración y planifica el futuro. Los recuerdos le alcanzan. Los pensamientos surgen y desaparecen a la velocidad del relámpago, flotan como pompas de jabón por el espacio del alma y estallan cuando se les toca con cuidado. Los pensamientos tienen la misma importancia para el espíritu que los sonidos para el oído. En el pensamiento se realiza el alma, en el oído el sonido. Por esta razón, no debe pretender parar el pensamiento. Pensar está en la naturaleza del alma. Pero su atención puede penetrar mediante la meditación en el espacio del alma entre los pensamientos y allí encontrar la paz. Esto se consigue mediante la aceptación del pensamiento. Sin embargo, si usted no desea tener sus pensamientos, si se rebela internamente contra ellos, sólo conseguirá reforzar la actividad del pensamiento.

Liberar conscientemente los pensamientos

Los pensamientos se disfrazan de recuerdos, planes, análisis, representaciones visuales, sueños, conceptos creativos. Los pensamientos llegan en la forma de juicios y valoraciones, como duda y como ilusión. Usted tiene un aparato de atracción propio, atrae magicamente la atención. Requiere de una movilización de fuerza consciente para decidirse por la meditación, liberar sus pensamientos y retomar la percepción de la respiración. Esta movilización de fuerza significará

ejercicios musculares diarios para el alma. Mediante la liberación de los pensamientos y la recuperación de la percepción de la respiración construirá la energía meditativa (pág. 66).

4. Descifrar conceptos

Cuanto más tiempo practique la meditación, será más claramente consciente de a qué dedica todo el largo día. Reconocerá los contenidos recurrentes de sus pensamientos y sus consecuencias. Percibirá cómo ve el mundo su alma deprimida y cómo valora la vida su alma feliz. Cada vez hará menos responsables a las circunstancias externas de sus experiencias interiores. Aprenderá a no multiplicar contenidos recurrentes en sus pensamientos. Podrá ajustar progresivamente su agravio interno. Abandonará las preocupaciones inútiles que absorben su energía y los conceptos que resultan rígidos y limitadores podrán ser descartados con el tiempo. Cuando aprenda a observar sus pensamientos se irá revelando cada vez más su estructura. Llegará a la comprensión de las condiciones de vida que todos compartimos. Nuestra

Cada momento
de atención
cuenta. Gota a
gota se forma
con el tiempo
un mar...

desesperación frente a la idea de que la vida nunca será perfecta cede gracias a la meditación frente a una comprensión llena de humor acerca de cómo surgen y desaparecen todos los fenómenos. Percibirá cada vez mejor lo que es veraz y lo que no es realista. Y experimentará muestras de rechazo, obstáculos en la vida cotidiana que surgen regularmente, a los que se ha "abonado".

Obstáculos clásicos en la meditación de la atención

La meditación de la atención conoce cinco obstáculos clásicos: deseo, rechazo, intranquilidad, pereza y duda.

Si su alma está llena de estos obstáculos, no se podrá concentrar y por ello no avanzará hacia las capas profundas de la conciencia. Puede ocurrir que se siente por la noche a meditar y se dé cuenta de que se llena de un intenso deseo sexual y sólo puede ver imágenes sexuales. O está furioso con alguien y esto no se le quita de la cabeza, como si deseara decirle continuamente lo que piensa a esta persona. O planea una fiesta en su cabeza, hace la lista de la compra y el horario. Durante el tiempo de meditación, permítase únicamente una sola cosa: recupere la experiencia del momento presente. Deje que sus deseos y aversiones se queden donde están, sin dedicarles más atención y vuelva pacientemente a la percepción de la respiración.

Reconocer e identificar el deseo y el rechazo

Todas las graduaciones del deseo, cada forma de pasión, también orgullo, frustración, prejuicio, avaricia, infravaloración, los múltiples matices del tener y no-tener-y-querer, no dejan tranquila a su alma. Simplemente no es posible detenerse a respirar. Se enredará continuamente en pensamientos. Tan pronto como pueda reconocer el obstáculo en forma de deseo o rechazo, intranquilidad, pereza o duda, identifíquelo calladamente para sí mismo. Dé un nombre a su experiencia y perciba las sensaciones corporales que le corresponden sin manifestarlo exteriormente. Quédese sentado en calma y no se culpe por nada de lo que ocurre en su alma. Perciba simplemente cómo la intranquilidad palpita en todos sus músculos, cómo caza sus pensamientos y hace pedazos su fuerza. Sienta el efecto paralizador de las exigencias excesivas, que en el espíritu resultan en forma de desmotivación. Experimente la duda que le corroe, sin dejarse desconcertar por ella. Va y viene como todo lo demás; busque en su lugar algo de sí mismo en lo que usted confía.

Encontrar un título para los pensamientos dominantes

Cuando la atención le descubre hasta qué punto está atrapado en un hilo de pensamientos e ideas, le ayudará a resumir lo vivido desde un nivel superior. No repita forzadamente un diálogo indignado. Dígase en su lugar meditando para sí mismo silenciosamente: "Enfado, enfado" o "aversión, no-poder-sufrir". Con ello se consigue encontrar una distancia a través de un nivel superior del alma y no se pierde tan fácilmente en detalles del pensamiento.

Si, por ejemplo, usted desarrolla internamente un diálogo con su madre, si ha discutido con un colega y no se puede sacar la discusión de la cabeza, dele al disco que suena en su cabeza un título: "disco de mamá" o "disco de Pedro". Cuando el diálogo interno se inicie, interrúmpalo y diga "disco de mamá" y retome la percepción de la

"En medio de la dificultad se encuentra la posibilidad".
Albert Einstein

La meditación metta abre su corazón: para usted y para su entorno.

respiración. Pueden incluso contar cuántas veces se reinicia el disco y vuelve a apagarlo.

La aceptación hace posible la distancia

Las fantasías y las ensoñaciones también son muestras del pensamiento que pueden ser tituladas de forma similar. Dé a la nostalgia un título, como "viaje a Hawai" o "concesión del Oscar". Repita varias veces el título y experimente los sentimientos en su cuerpo cuando lo haga. Deje fluir sus pensamientos, sin repetirlos ni dedi-

carles atención. De esta forma se diluyen poco a poco las identificaciones con fuertes sentimientos. Con ello gana la sensación de un mayor espacio libre. En este espacio podrá comprender las experiencias de otra forma. No debe devolver el golpe en cuanto sienta que le han hecho daño. En lugar de reaccionar, pregúntese: "¿Qué es lo adecuado ahora, que deseo conseguir con mi respuesta?". Si usted siente que su libertad de elección aumenta a través de la meditación, agradecerá mucho más su meditación diaria.

Amor puro: la meditación metta

En la meditación metta, la atención se traslada de la respiración a la esfera interna, al lugar que muchas personas califican como lo más cercano: el corazón. No se trata del corazón como ente físico, sino del lugar en el que se encuentran los asuntos de su corazón.

En nuestra cultura no es demasiado frecuente que establezcamos un diálogo interno con nuestro corazón. La mayoría de la gente sabe muy bien qué significa entregar su corazón o sufrir cuando se lo rompen. Sin embargo, desatendemos el diálogo con el corazón, aunque tenga una importancia clave en nuestra vida. Todavía no hemos aprendido a ordenar diariamente los anhelos de nuestro corazón. Cuanta mayor sea la frecuencia con la que se dirige a su corazón mediante la meditación metta, más estable será la capacidad de extraer su sabiduría. Esta relación interna repercute directamente en su experiencia cotidiana. Quien descubre su corazón para sí mismo, desarrolla al mismo tiempo afecto hacia el prójimo y hacia todo su entorno.

Confiar en la inteligencia del corazón

El dibujo de un corazón es un símbolo del amor que nos encontramos en tarjetas de felicitación, copas, ropa y carteles. Sin embargo, parece como si la mayoría de las personas confiaran más en la inteligencia de la mente que en la inteligencia del corazón. A menudo nos reímos de los asuntos que atañen al corazón. Al mismo tiempo, se estudia cada vez más a fondo la conexión entre las enfermedades del corazón y las formas de vida relacionadas con ellas. Sin embargo, todos tenemos una intuición acerca de lo que nuestro corazón ansía, y presentimos que el corazón conoce motivos que la razón no puede explicar. Después de que haya entrenado su atención mediante la meditación de la atención, podrá dirigir la luz de su atención hacia su corazón y estudiar el amor.

El significado de Metta

La metta-meditación se practica en culturas del Extremo Oriente desde hace miles de años. Metta significa amistad, simpatía, efusividad. Con

"El hombre se arregla el cabello todos los días, cabello que le acompaña sólo hasta la tumba; ¿por qué no ordena también su corazón día a día, que le aporta toda la felicidad y toda la pena también en su vida futura?"
Proverbio indio

esta meditación se puede practicar de forma sistemática el ejercicio de llenar de afecto el alma de uno mismo. El método está emparentado con técnicas de oración conocidas también por la iglesia cristiana. En esta meditación, formulará, de forma interna e inaudible, deseos, primero para sí mismo, según su propia práctica, y si la exigencia interna ha crecido, también para otras personas y grupos. Dirá:

Desearía ser feliz.
Desearía vivir en paz.
Desearía estar sano.
Desearía vivir sin preocupaciones.

Cuatro deseos – cuatro frases

En la meditación metta, los cuatro deseos se agrupan en las cuatro frases cortas mencionadas arriba y se yuxtaponen. Con la primera frase se expresa lo que la mayoría de las personas desea: "Desearía ser feliz". Quizás esta expresión le parezca anticuada. A los que participan en mis cursos les pasa algo parecido al principio. Sin embargo, todavía no hemos encontrado una forma mejor de decirlo. La forma condicional se

ha elegido para mantener una gran apertura. "Desearía ser feliz" significa: "Deseo lo mejor para mí, no sé si esto va a suceder, no tengo una influencia directa sobre eso, pero lo deseo para mí con el corazón". En la segunda frase se expone que desearíamos vivir libres de peligros internos y externos. Tenemos la posibilidad de elegir las palabras de modo que nos lleguen realmente. Podemos decir: "Desearía vivir en paz". O también: "Desearía estar bien protegido".

La tercera frase dirige el deseo hacia la salud: "Desearía estar sano". La cuarta frase se refiere a los altibajos de la vida: "Desearía estar libre de preocupaciones. Desearía vivir despreocupadamente. Desearía poder velar por mí mismo con alegría".

Las frases metta son semillas

La meditación metta se desarrolla en el mundo de los sentimientos y las relaciones. Esta forma de meditación construye una estabilidad en su interior que le permite pasar por alegrías y penas sin perder el equilibrio. Con la meditación metta crece igualmente la capacidad de identificarse con el dolor de otras personas, así como la capacidad de compartir la alegría de los demás y, en definitiva, cuidar de su propio punto medio. Las frases metta se pueden entender como una siembra que se esparce sin que uno sepa qué semilla no va a brotar nunca. Con el deseo metta, usted formula un buen propósito y pronto percibe cómo retorna la paz interior. Las frases actúan como un bálsamo, calmando y curando. Evitan que su espíritu se llene de pensamientos irritantes. Al pronunciar internamente frases metta, no queda espacio para irritarse innecesariamente. Sus sentimientos se equilibran. Mediante la repetición interna, silenciosa de los deseos metta, se construyen relaciones y se activa el repertorio amoroso.

Distinguir los espacios de los sentimientos

En la meditación metta se distinguen cuatro aspectos del amor, que me gustaría presentarle ahora. Se denominan: metta, empatía, felicidad compartida y serenidad. Estas cuatro cualidades aparecen en todo sentimiento metta verdadero en la misma medida. Sin embargo, ayuda saber distinguirlos y practicarlos separadamente, ya que así se verá con mayor claridad la complejidad y la amplitud del efecto Metta.

Metta – apertura del corazón

Metta es una palabra de la lengua pali, que se hablaba en la época de Buda. Metta significa amistad afectuosa, simpatía incondicional. Metta no excluye a nadie. Muy al contrario, Metta es una cualidad del corazón, que hace bien a todos. Todo el mundo puede disfrutarlo, porque metta es plenamente imparcial. Quizás reconozca este sentimiento si recuerda a sus abuelos o cuando ve a un bebé, tanto humano como animal. Los seres necesitados de protección despiertan en nosotros la actitud metta. Si recuerda durante la meditación metta que con esta meditación practica una actitud interior y un deseo, conseguirá entonces una predisposición en su percepción para abrirse al amor. La práctica metta produce en nosotros una sensible apertura frente a nosotros mismos y a otros, que no debe ser infravalorada en cuanto a energía y repercusión.

Empatía en lugar de compasión

Además de la actitud metta, esta meditación desarrolla la empatía. Muchos utilizan para esto la palabra compasión, pero la meditación metta no mete ambas palabras en el mismo saco. La práctica de la meditación nos indica que quien desee sentir empatía hacia sí mismo y hacia los otros, debe estar preparado para sentir y aceptar su propio dolor. Sólo entonces aumenta la predisposición a que nos afecte el sufrimiento de otros. Si tememos el dolor y lo rechazamos, pensaremos quizás: "Tú, pobre ser, te va mal, qué bien, te puedo ayudar con mi limosna. Cógela, y sé agradecido y no me molestes". Mediante esta actitud la persona que sufre se siente rechazada y denigrada. Se retira con su sufrimiento, porque su corazón no se siente respetado ni aceptado. Quien actúa de

este modo frente al sufrimiento, lo fortalece inconscientemente. No es fácil distinguir si sentimos compasión o empatía.

Si sentimos aversión frente al dolor, hablamos de compasión. En contraposición a esto, la empatía no presenta oposición frente al dolor. La empatía dice: "Tu dolor me afecta. No puedo hacer que desaparezca, ni siquiera puedo suavizarlo, pero puedo ofrecerte mi mano, acompañarte un rato y compartir contigo lo bueno que tengo. Quizás esto ayude a mitigar tu dolor y a que sientas que no estás solo".

Sentir con alegría

¿Qué siente cuando el vecino que no soporta gana la lotería? ¿Es capaz de alegrarse cuando le va bien a los demás? Cuando se trata de personas de nuestro entorno es más probable que ocurra que cuando se trata de extraños. Hace falta generosidad y gratitud interna para alegrarse con la fortuna ajena. La felicidad compartida es un estado del alma en el que usted tiende un puente de forma totalmente consciente a los ganadores.

Se permite formar parte de la alegría del campeón, incluso cuando no pertenece a su país. En los concursos deportivos, entre científicos y artistas se da una y otra vez esta actitud abierta. Aproveche todas las oportunidades que tenga para alegrarse con otros. Con ello logrará además aumentar su propia energía.

Vivir la serenidad

El maravilloso cuarto estado del espíritu surge cuando el camarero de un restaurante repleto, a pesar de su nivel de estrés, dispone todavía de la capacidad de atender a sus pequeños clientes. O cuando el auxiliar del médico ayuda a una paciente discapacitada a bajar las escaleras mientras la sala de espera está atestada, el teléfono suena y se suceden las extracciones de sangre. Se necesita entonces ecuanimidad y serenidad, pero no indiferencia. ¿Percibe la diferencia entre ecuanimidad e indiferencia? La indiferencia nos separa, ya que contiene un sentimiento defensivo. Cuando se es indiferente, uno se cierra, cuando mostramos serenidad, nos abrimos. Con ello entra en conexión con sus semejantes. La serenidad es la guinda en el ejercicio de la meditación metta. En algunas personas esto forma parte de su carácter desde la cuna. La mayoría lo aprenden con la experiencia y el ejercicio. Tanto siendo madre o abuela, en la vida laboral o en casa, la serenidad hace milagros. Intente conservar la calma sin por ello cerrarse.

La meditación metta despierta la franqueza y el amor hacia los otros.

INTRODUCCIÓN A LA PRÁCTICA DE LA MEDITACIÓN

La meditación es un arte que se puede aprender. Los primeros ejercicios son como pinceladas o escalas de notas que adquieren todos los alumnos. Ponga un poco de paciencia e interés, y se abrirá dentro de sí mismo un espacio que usted no conoce todavía. En el siguiente capítulo descubrirá qué equipo necesita y qué le puede ayudar a iniciarse en la práctica de la meditación.

Un buen comienzo

Considere la meditación como un regalo para sí mismo para el que prepara un bonito envoltorio en cada fase de práctica y con el que alcanza la atención. Reciba este regalo de forma despierta y con gratitud. Para meditar necesitará un buen lugar y un horario determinado. En primer lugar, defina por su cuenta cuánto tiempo desea meditar.

Meditar significa tiempo sólo para uno mismo

Probablemente, durante las primeras semanas de práctica de la meditación sienta mucha intranquilidad interna. Comience por ello con tiempos de práctica que pueda ir prolongando poco a poco. Determine un núcleo de tiempo que debe respetar en cualquier caso, para así poder construir una rutina interna. Siempre puede prolongar el tiempo de meditación. En cuanto perciba que traspasa regularmente el núcleo de tiempo, puede prolongar el tiempo de práctica; por ejemplo, se puede sentar diariamente 25 minutos, después de haber practicado durante dos semanas 15 o 20 minutos. Déle importancia a la regularidad, y haga caso a aquello que le haga bien. Puede meditar por la noche y por la mañana o también una vez al día. Los veteranos de la meditación se sientan diariamente entre 25 y 60 minutos, y algunos de ellos lo hacen por las mañanas y por las noches.

CONSEJO

➤ Escoja un horario de meditación que realmente pueda mantener de forma constante.

Determinar con un signo el principio y el final

Le será de ayuda marcar con un signo el principio y el final. Puede hacer tintinear una campana. Puede adquirir un gong de meditación o realizar una declaración de respeto hacia la energía de la práctica de la meditación. También puede simplemente dar gracias a la vida o a Dios. Es decisivo que cree un pequeño ritual, en el que comience diciendo: "Ahora voy hacia la calma" y al final: "Ahora termina mi silencio".

Por favor, no molestar

Durante su tiempo de meditación no debe contestar el teléfono. Cuelgue un cartel en su puerta que diga a su familia: "Por favor, no entrar". Apague la radio y el televisor. No es malo escuchar algún ruido, sólo es importante que si, por ejemplo, escucha la lavadora de su vecina, no se rebele contra ello. La oposición contra lo que escucha es la que causa su irritación y hace que la meditación sea difícil. Considere los sonidos de cualquier tipo como un insignificante ruido de fondo, al que no prestará ninguna atención. ¡Sus oídos se dirigen durante la meditación hacia su espacio interior!

Organícese con mimo

El lugar que haya elegido para meditar necesita una delimitación clara y protección. No importa si desea tumbarse, sentarse o caminar mientras medita, si practica la meditación metta o la meditación de la atención, elija un mismo lugar para su práctica diaria.

Un lugar fijo para meditar

La meditación y la belleza van unidas. Organice su lugar de meditación con cariño y dé un lugar fijo a su almohada de meditación. Escoja una vela, una imagen, un recuerdo o un ramo de flores, y se sentirá en este sitio especialmente a gusto. De una forma natural creará un altar casero totalmente personal.

El sonido de un cuenco metálico delimita la meditación.

Si desea practicar la meditación caminando, elija diariamente el mismo camino en el parque o en el bosque, por el que pueda caminar de un lado a otro en un amplio círculo. Quizás disponga de un largo pasillo u otra habitación en su vivienda adecuada para ello.

Cuando se practica la meditación caminando, es suficiente con dar unos cuantos pasos en una dirección y estar especialmente atento.

Ropa cómoda

Sea cual sea la posición corporal que elija, nada debe oprimir su estómago y su respiración. Las manos y los pies deben estar calientes. Al sentarse puede ponerse unos gruesos calcetines de lana y un chal o mantón. Si va a meditar caminando, es imprescindible un calzado cómodo sin tacón para un buen contacto con el suelo.

Lo que necesita para meditar

➤ Lugar / tiempo sin interrupciones
➤ Reloj (despertador)
➤ Base para piernas y pies
➤ Silla, cojín (puf) o pequeño banco (página 36)
➤ Chal o manta, calcetines de abrigo

Distintas posturas de meditación

Pruebe las distintas posturas que le indicamos en las siguientes páginas.

Sentarse en una silla

Es importante que se sienta a gusto y lo más tranquilo posible y
que se pueda sentar erguido, sin que ello suponga un esfuerzo.
Si practica sobre una silla, escoja un modelo con el respaldo
recto, si es posible con brazos, sobre la que pueda sentarse de tal
forma que el muslo y la pantorrilla estén prácticamente en ángulo recto, y así ambos pies descansen relajados con toda la suela
sobre el suelo. Para que los pies no se enfríen, puede colocar una
manta bajo los pies o ponerse calcetines gruesos. ❶

Sentarse en el suelo

Si desea meditar en el suelo, necesitará una base suave y cálida.
Pruebe con una manta de lana o hágase con una estera de
meditación creada para tal uso, con un relleno de copos de
algodón. Lo ideal sería sentarse en un espacio libre. Coloque
sus piernas cruzadas, no una sobre otra, sino una al lado de la
otra frente a usted. Al principio puede apoyar sus rodillas
sobre un cojín. ❷ Con el tiempo, los tendones y los ligamentos
se vuelven más elásticos, entonces podrá prescindir del cojín.

Algunos prefieren sentarse para meditar sobre un cojín de meditación. El volumen correcto del cojín depende de la distancia de las piernas con el suelo. Para que no haga una mala elección, realice una prueba en la tienda y siéntese sobre el cojín. Si usted está en buena forma, puede probar también la clásica posición del loto en lugar de colocar las piernas una junto a la otra. Existen dos versiones: En la posición de medio loto ❶ un pie descansa sobre el muslo, en el loto completo ❷ puede entrelazar las piernas de tal forma que los dos pies descansen sobre el muslo.

Sentarse sobre el banco de meditación

Compruebe por sí mismo en cuál de las posiciones sentadas se encuentra más cómodo. El cuerpo experimenta sentado con las piernas cruzadas otras cargas y otra estabilidad diferente que al arrodillarse en el banco de meditación. ❸ La posición más cómoda varía de una persona a otra. Si se siente más a gusto en un banco, tenga en cuenta cómo varía la carga sobre sus rodillas en función de cómo se sienta en el banco. Es importante alcanzar una postura erguida y relajada como la que se describe en las páginas siguientes. Conviene por ello que compruebe si al sentarse tiende a arquear la espalda. Si esto es así, recuerde siempre durante la meditación que debe relajar los músculos junto a la zona lumbar y no debe inclinar el banco hacia delante. En la primera etapa puede también sentarse sobre una manta enrollada de lana. Así descubrirá sobre qué altura debe sentarse. Cuanto más alto sea usted, más alto deberá ser el banco.

Consejos para una postura correcta

Quien se balancea continuamente sobre su taburete va a encontrar fácilmente una buena postura. Existe un sencillo truco para saber cómo sentarse: Coloque ambas manos al sentarse bajo sus nalgas, con las palmas giradas hacia el suelo. Al estar sentado sobre los dorsos de la mano y balancearse ligeramente hacia delante y hacia atrás, percibirá claramente un hueso duro en la base pélvica que presiona sobre sus manos. Este hueso es la base de nuestra posición sentada y erguida.

Sentarse de la forma más relajada posible

Elija una postura estable y sencilla, flexible y erguida al mismo tiempo. Deje que su columna tienda hacia el cielo como el tallo de un girasol y renueve continuamente durante el tiempo de práctica la posición erguida y relajada. Coloque sus manos y brazos según sus deseos. Las manos pueden descansar sobre los muslos o sobre las rodillas. Puede apoyar las manos una sobre la otra frente al estómago o juntar las manos.

¿Ojos abiertos o cerrados?

Si cierra los ojos para meditar, le resultará más fácil distanciarse de lo que sucede en el exterior. Por eso en mis grupos solemos permanecer con los ojos cerrados. Si esto le resulta incómodo, puede dejar los ojos abiertos un milímetro, aproximadamente, y dirigir la mirada hacia el suelo, de frente, sin fijar la vista en nada determinado. Deje su mirada perdida. Si tiene tendencia a quedarse dormido o a dormitar cuando medita, le ayudará a permitir que pase algo de luz a través de los ojos y estirar el cuerpo.

Cuando surgen los dolores debidos a la postura

CONSEJO

➤ El movimiento atento tiene efectos positivos en casos de crispación. Practicar yoga, qigong y taiji resulta un buen complemento para la meditación.

Al principio, quizás desee cambiar la postura en que está sentado durante el tiempo de meditación, porque se le adormece la pierna o le duelen las rodillas. Puede permitirse cambiar de postura, si se forma demasiada tensión interna debido a la incomodidad corporal.

El cuerpo necesita tiempo para acostumbrarse a una postura sentada y tranquila. ¡Necesitará tener paciencia! Si desea moverse, cambie la posición de las piernas o las manos, mejor a ritmo de cámara lenta, siguiendo con total atención el desarrollo del movimiento. De todas formas, debe aspirar a permanecer en la misma postura durante todo el período en que permanezca sentado. Cuanto más tranquilo se mantenga el cuerpo, más calma entrará en el alma (vea también pág. 22).

Meditar caminando

Los caminos más dispares nos abren las puertas a la meditación. Quizás usted sea de las personas que no pueden soportar sentarse

Dé pocos pasos en una misma dirección dentro de su casa, y vaya especialmente despacio.

en silencio. Le puede ayudar meditar mientras camina. El movimiento natural, rítmico del paseo invita a la calma para su espíritu especialmente en épocas de ritmo frenético. No en vano conocemos el paseo meditativo ya desde Sócrates o de algunos profesores durante sus clases. Al meditar mientras caminamos aprendemos también a prestar atención al movimiento y a no perdernos en los pensamientos. Su calzado debe ser plano y cómodo, y si el ambiente es cálido puede caminar en calcetines o descalzo.

En el camino

➤ Elija un camino por el que pueda caminar inadvertidamente 20, 30 pasos en línea recta y regresar. Marque con un palo o una piedra el comienzo y el final del camino.

➤ Decida si desea realizar meditación de la atención o la meditación metta mientras camina.

➤ Empiece manteniéndose de pie unos minutos en silencio con los ojos cerrados. Los brazos puede mantenerlos en cualquier posición. Sienta su cuerpo. No importa en qué postura esté, no se puede hablar de correcto o incorrecto. Perciba su postura, la carga de sus pies, qué sensaciones puede distinguir en las piernas, la pelvis, el estómago y la espalda. ¿Cómo cuelgan sus brazos y hombros, en qué ángulo se inclina su cabeza? Investigue su postura corporal, totalmente personal.

➤ Comience entonces a caminar despacio y practique la meditación por la que se haya decidido.

➤ Cuando llegue al final del camino, deténgase por un instante. Gírese conscientemente en la otra dirección, y regrese por el mismo camino hacia el inicio. Así seguirá una y otra vez.

➤ Para finalizar la meditación en movimiento mantenga un par de minutos los ojos cerrados. Sienta todo su cuerpo, y pronuncie finalmente su agradecimiento.

Meditar tumbado

El éxito de sus ejercicios de meditación depende de las costumbres que tenga. Nuestra alma relaciona la posición tumbada con el sueño. Por eso resulta complicado mantenerse despierto al meditar tumbado. Sin embargo, el sentido de la meditación es desarrollar la atención en todas las situaciones de la vida. Por eso conviene que elija la meditación en posición acostada únicamente si le es totalmente imposible practicar sentado o caminando. Para ello necesitará una base que sea al mismo tiempo blanda y estable. Elija una postura en la que pueda permanecer inmóvil. La cabeza estará colocada de forma que la columna permanezca recta. Cúbrase bien y coloque las manos como le resulte más cómodo, junto al cuerpo o sobre él.

Algunas cosas que también debería saber

El inicio del camino de la meditación está trufado de preguntas. Averigüe cuánta seguridad necesita y a quién puede confiar sus preguntas. Si le resulta dura la práctica por su cuenta, si busca siempre nuevos motivos que expliquen por qué todavía no ha llegado, puede buscar un grupo de meditación o formar usted mismo su propio grupo.

Practicar en un grupo de meditación

Sólo necesita a dos personas que compartan su interés por la meditación y una habitación en la que se puedan encontrar sin molestias para poder sentarse en silencio. Delimite el inicio y el final del tiempo de meditación con un gong. En muchas ciudades existen también grupos de meditación abiertos con los que se puede reunir. A menudo, los grupos siguen una tradición determinada o a un maestro. Busque un grupo que no afirme que su método es el único verdadero.

Cómo reconocer una secta

Las sectas son por lo general pequeños grupos de carácter negativo que esperan obediencia de sus miembros. Sea cauteloso:

> ➤ si el profesor de meditación impone una estricta doctrina
> ➤ si el grupo está fuertemente jerarquizado
> ➤ si él/ella le da esperanzas exageradas de adquirir capacidades extraordinarias si se queda
> ➤ si intenta socavar su autoestima
> ➤ si existen importantes demandas materiales

¿En qué casos necesita un profesor o profesora?

Siempre celebro esos momentos en la vida en los que hago algo completamente nuevo, que nunca me había atrevido a hacer. Montar a caballo, viajar sola, hablar delante de mil personas, la lista podría ser muy larga. Pero sin profesor no hay aprendizaje. Incluso aunque nosotros seamos nuestros mejores profesores, necesitamos personas que nos ayuden a localizar los ángulos ciegos y a reconocer nuestra propia verdad. Para poder desprendernos de los esquemas de la rutina y hacer posible lo nuevo, necesitamos un profesor o profesora que nos anime. El estudio teórico de los libros no es suficiente para aprender a reconocerse a uno mismo y a los demás. Por eso, en todas las religiones existe el concepto formal de la enseñanza del maestro hacia el alumno.

Encontrar un buen profesor o profesora

Los maestros de meditación reflejan como un espejo las cualidades del despertar: generosidad, humor, discernimiento, amabilidad, aceptación, empatía, fuerza y valor. Su pensamiento y su comportamiento crean una y otra vez una unidad. Le entregan amor y comprensión allí donde usted lucha con su crítico interno. Se sentirá totalmente aludido por sus palabras. Pero, ¿dónde encuentra uno a un profesor que le explique su propio proceso de crecimiento? Acuda a conferencias y seminarios, hable con otras personas de sus necesidades. ¡Pregunte! Pueden pasar años hasta que encuentre a una persona que capte la misma longitud de onda que usted. Pero la búsqueda supone ya la mitad del camino. La siguiente relación de preguntas le será de ayuda en su búsqueda:

Cuestiones concernientes al/a la profesor/-a

Cuantas más preguntas pueda contestar con un "sí", más probabilidades tendrá de haber encontrado un buen profesor o profesora…

➤ ¿Son la paciencia y la empatía características destacables en él /ella?
➤ ¿Tiene de ocho a diez años de experiencia en el camino de la meditación?
➤ ¿Es él/ella generoso con la información que da?
➤ ¿Se muestra dispuesto/-a a ofrecer ayuda y apoyo, se para en sus explicaciones, y no es orgulloso/-a ni juzga a las personas?
➤ ¿Le da estímulos e inspiración en su práctica diaria?
➤ ¿Comprende a los que no opinan como él?
➤ ¿Despierta su confianza y autoestima?
➤ ¿Se corresponden sus palabras con sus actos?
➤ ¿Le parece leal y tolerante?
➤ ¿Acepta que le acompañen otros profesores?
➤ ¿Evita que nadie se sienta privilegiado en sus clases? ¿No hay nadie imprescindible?
➤ ¿Es capaz de reírse de sí mismo y de confesar sus propias debilidades?

¿En qué casos no tiene sentido la meditación?

En tiempos de graves crisis, como por ejemplo en procesos de separación, nos sentimos tan inquietos, tan exaltados y torturados, que en la meditación tampoco encontramos la paz. Cuando los pensamientos dan vueltas violentamente, cuando la depresión le arrebata toda su energía, por favor, no espere que su estrés psíquico se desvanezca en un santiamén sólo con sentarse en silencio. Igualmente, nadie iniciaría un curso de vela con una fuerza 12 del viento. No se acerque a la meditación si se siente abrumado por las dudas. Sólo si lo ve realmente claro, será bueno para usted. La fuerza de la meditación se construye con su práctica regular en la vida cotidiana. En cuanto haya adquirido los conocimientos básicos necesarios, podrá superar más fácilmente situaciones problemáticas de la vida. Teniendo algunos años de experiencia en la meditación, los arrebatos de los sentimientos no le abatirán tan fácilmente.

OCHO TÉCNICAS DE MEDITACIÓN

En el siguiente capítulo conocerá ocho técnicas de meditación. Las seis primeras pertenecen al campo de la meditación de la atención, las dos últimas son introducciones a la meditación metta. Pronto descubrirá que el ejercicio de la atención no va unido a tiempos fijos de meditación. Cada vez es más importante ser capaz de desarrollar una atención positiva en todas las situaciones de la vida y sentir gracias a ella más calma interior y serenidad.

La meditación de los siete puntos

Con esta técnica aprenderá a prestar atención puntual a sensaciones corporales como la tensión muscular, articulaciones cargadas u hormigueos. Con ello conseguirá una primera muestra de su tacto interno, a partir del cual crecerá con el tiempo un mapa interno.

El cuerpo y el espíritu son estudiados en profundidad en la meditación. La herramienta para esta investigación se desarrolla de la capacidad de recolección interna, también llamada concentración. Fenómenos tales como los sentimientos y pensamientos son por naturaleza fugaces, desbordantes, mucho más difíciles de reconocer que las sensaciones sensoriales en el cuerpo. Empiece por ello con la percepción del cuerpo para comprender claramente la realidad.

) EN QUÉ
DEBE
FIJARSE

Registre en sus prácticas a partir de ahora de forma consciente y en todas las situaciones de la vida sus sensaciones corporales. Perciba lo que el cuerpo siente y qué movimientos tienen lugar en el interior.

Percibir el propio cuerpo

➤ Siéntese en una postura que le resulte agradable. Dirija entonces su atención a sus ojos, frente y sienes.

➤ Sienta si los ojos reposan relajados en sus cuencas y si podrían ocupar más espacio. Imagínese que un ser amistoso le da colirio en el ojo y con ello se le escapa una sonrisa escondida en los ojos. Siente cómo su delicado efecto calmante, apenas visible hacia afuera, se puede percibir claramente en su interior. Toda la zona de los ojos y las sienes hasta el nacimiento del cabello y las orejas se relaja.

➤ Los labios, la mandíbula, la lengua y el interior de la boca pasan ahora a ser estudiados por la percepción interior. Deje que su mentón cuelgue, de forma que los dientes superiores e inferiores dejen de tocarse. ¿Percibe el lugar donde la punta de la lengua toca los dientes, cuando la lengua se encuentra extendida y relajada en la boca?

Es suficiente con pensar en una zona del cuerpo – el verdadero sentir se construye con la práctica

➤ El brillo de su atención palpa desde la articulación de la mandíbula pasando por las orejas y el borde del cráneo hasta las dos primeras vértebras, sobre las que se apoya la cabeza. Sienta el ángulo de inclinación de la cabeza y del cuello. Deje que sus músculos se aflojen en el borde del cráneo, sienta cómo la cabeza descansa sobre los hombros como un huevo en una huevera.

➤ Desde ahí la atención llega a los omóplatos, que usted deja que se hundan sin ejercer más presión hacia atrás y hacia abajo. Con ello se abre la zona del esternón y la cavidad torácica unos milímetros.

➤ La atención discurre a través de la columna hacia abajo hasta el coxis. Imagínese que en el coxis cuelga un loto de un largo hilo que alcanza hasta el centro de la Tierra. Sienta cómo con esto se abre su legión lumbar y se acerca aún más a la Tierra. (Si realiza este ejercicio tumbado, sentirá la presión de la pelvis sobre la cama).

➤ Sienta ahora las puntas de sus dedos. Coloque sus manos como desee. ¿Percibe el punto de contacto en la punta de los dedos? Vaya pasando a través de los diez dedos. ¿Qué siente?

➤ Ahora intente distinguir un dedo del pie de los otros y percibir los puntos de contacto que puedan existir en la punta de los dedos del pie. Para ello puede mover los dedos si lo desea.

➤ Si se ha desplazado por todos los dedos de los pies a través de la atención, puede regresar a la zona de los ojos e iniciar un nuevo recorrido por la meditación.

) **SÍNTESIS DE LA MEDITACIÓN DE LOS SIETE PUNTOS**

1. Relajar los ángulos externos de los ojos.
2. Sentir la punta de la lengua.
3. ¿Cómo reposa la cabeza en la columna?
4. Omóplatos hacia atrás/abajo.
5. Dejar colgar el coxis.
6. Notar las puntas de todos los dedos de la mano.
7. Notar las puntas de todos los dedos del pie.

El escáner corporal

Con "escáner corporal" nos referimos a una especie de un "rastre-ado del cuerpo". Aprenderá a moverse por todas las zonas de su cuerpo con la ayuda de la atención, sin demorarse en ello. Cuánto más a menudo lo practique, más fácil le resultará sentirse en su cuerpo como en casa.

El escáner corporal es una posibilidad maravillosa para relajarse, y la relajación es el puente hacia la meditación. Si la meditación le resulta difícil, si está cansado, nervioso o enfermo para alcanzar la atención del espíritu, le causará alivio el rastreado y la exploración gradual del cuerpo. Si tiene ante sí tareas complicadas, si le agobian las preocupaciones, túmbese sobre su espalda durante veinte minutos. El escáner corporal lo libera del estrés, limpia los espacios internos y le permite volver a ser receptivo. La mejor postura para este ejercicio es tumbado.

Frecuentemente se quedará dormido, lo que será un signo de que necesita reposo, y disfrute del efecto curativo de un sueño relajante. Los alumnos más avanzados pueden hacer el escáner corporal sentados y utilizarlo como entrada en la meditación profunda.

) EN QUÉ DEBE FIJARSE

Puede ocurrir que se duerma durante el escáner corporal. Si tiene una cita importante, ponga el despertador antes de iniciar el ejercicio.

Relajación para cuerpo y alma

Procure la temperatura agradable que el cuerpo necesita para poder relajarse. Coloque un cojín bajo las rodillas si tiene tendencia al dolor de espalda. Si está tumbado sobre su espalda busque una posición en la que pueda permanecer cómodo durante unos treinta minutos sin moverse. Vigile que su columna permanezca recta y la cabeza no está demasiado alta.

➤ Repose con los ojos cerrados y oiga los ruidos en su entorno, que van y vienen sin que usted intervenga. Permita que todos los sonidos le atraviesen sin más. Cada vez que espira se afianza más profundamente en la Tierra.

Todo el estrés es "lavado" con el escáner corporal. Descanse sobre las ondas de su respiración.

Instantánea del inicio

➤ Su mirada se dirige hacia dentro. En primer lugar percibe cómo y dónde toca el cuerpo con la almohada y el suelo. Su cuerpo se entrega completamente a la fuerza de la gravedad. En su imaginación copia la huella que el cuerpo deja sobre la cama. ¿Dónde se produce el rozamiento? ¿En los pies, muslos, la espalda, la pelvis? Sienta la postura de las manos y brazos, la inclinación de la cabeza.

➤ Este primer rastreo a través del cuerpo dura unos 1–2 minutos, hasta que usted pueda decir: "Ahora he llegado tan lejos con mi atención en el cuerpo, que puedo empezar a practicar". Haga una instantánea interna de este comienzo, y compare al final de la fase de meditación la instantánea del principio con la instantánea del final.

Rastrear por el cuerpo

➤ Imagínese que yace sobre una arena abrasadora, que se le pega al cuerpo, abre sus poros obligándole a sentirse más grande y pesado.

➤ La inspiración y espiración se desarrollan profunda y naturalmente, y su respiración ocupa, sin su influencia, todo el espacio.

➤ Dirija su atención a su pie derecho y sienta cómo el talón toca el suelo. Desplácese con su atención por el pie derecho, sienta cómo la sangre circula por él hasta la punta de los pies. Su pie derecho está caliente y lo siente pesado.

Si no puede sentir su pie derecho, localícelo

➤ La articulación del pie derecho se abre y percibe si la pierna toca el suelo y cómo se apoya el muslo. Las articulaciones del pie y de la rodilla en la pierna derecha están abiertas, así como la articulación de la cadera.

➤ Sienta toda la pierna derecha yaciendo caliente y pesada sobre el suelo, traspasa todo su peso a la Tierra y cuelga directamente desde la articulación de la cadera derecha. Con ello se abre también toda la parte derecha de las ingles.

➤ Su atención se traslada al pie izquierdo. Percibe dónde y cómo toca el suelo el talón derecho. Explore su pie izquierdo, sienta la planta del pie y cada dedo, la circulación de la sangre, el calor, el peso en su pie izquierdo. La articulación del pie izquierdo se abre. Investigue si la pierna izquierda toca el suelo y dónde toca con el suelo el muslo izquierdo. Las articulaciones de pie, rodilla y cadera se abren. La pierna izquierda está caliente y pesada y pasa todo su peso al suelo. Se abre la parte izquierda de las ingles.

➤ Sienta ahora cómo sus piernas cuelgan de la pelvis. La pelvis descansa como una gran corteza sobre la Tierra, la base de la pelvis se suelta, el abdomen se vuelve blando, surge todavía más espacio en la zona de las ingles. Puede extender todos sus órganos internos por toda la cavidad de la pelvis.

➤ Sienta ahora cómo la superficie del abdomen se mueve suavemente al tomar y expulsar el aire y el diafragma se extiende y se contrae al mismo ritmo.

No le dé significado a ninguna sensación, no haga valoraciones

➤ Explore a continuación la zona lumbar de su espalda. ¿Dónde nota presión en la columna? ¿Por dónde toca la zona lumbar de la columna el colchón y por dónde no? ¿Qué espacio ocupa la zona lumbar?

➤ Siga desplazándose por la espalda hacia arriba siguiendo las vértebras dorsales. ¿Qué vértebras del tórax tienen contacto con el suelo y cuáles no? Sienta la separación entre ambos omóplatos. ¿Cuánto espacio ocupan los hombros sobre el suelo?

➤ Apoye sus hombros cargando más sobre el suelo y sienta el tórax, el espacio que surge entre las costillas durante la respiración, la subida y la bajada de la punta del esternón.

➤ Permanezca atento al tomar y expulsar el aire. Siga el camino completo de la respiración desde las fosas nasales, pasando por la faringe y la tráquea hasta el fondo de los pulmones y el estómago. ¿En qué lugar de su tronco puede sentir más claramente en este momento el movimiento de la respiración?

No detenerse en lo agradable ni en lo desagradable

➤ La atención se desplaza ahora hacia su brazo derecho, que cuelga con todo su peso desde la parte superior del hombro. Perciba dónde tocan el suelo el antebrazo y el brazo, cómo la mano derecha descansa sobre el suelo. El codo y la muñeca se extienden. Perciba todos los dedos, uno tras otro, hasta las puntas: el pulgar derecho, el índice, el corazón, el anular, el meñique derecho.

➤ A continuación, pase al brazo izquierdo y sienta cuánto peso cuelga de la parte superior del hombro, cómo descansan el brazo y el antebrazo. La muñeca y la articulación del codo se extienden. Todos los dedos se relajan. ¿Cómo descansa la mano izquierda sobre el suelo? Perciba de nuevo hasta las puntas de cada uno de los dedos.

Su capacidad de percepción se amplía por sí misma

➤ Finalmente sienta cómo y dónde descansa la cabeza sobre el suelo. ¿Roza el colchón la zona cervical? ¿Dónde percibe la presión en la región occipital? ¿Cuál es la anchura del cuello? ¿Cuán abierta siente la la zona de la laringe? ¿Está blanda la zona del borde del cráneo? ¿Está relajada la piel de la cabeza y los músculos de la cara? ¿Descansan los globos oculares profunda y suavemente en sus cuencas? Sienta el área de las sienes, la mandíbula, deje caer la articulación de la mandíbula, de forma que los labios se abran ligeramente, y sienta cómo la lengua reposa extendida en la boca y dónde toca con los dientes.

➤ Dirija ahora su atención a todo el cuerpo; sienta desde la punta de los dientes hasta la punta de los cabellos, por delante y por detrás. Todas las extremidades cuelgan, el tronco y la cabeza se confían totalmente a la Tierra. Su cuerpo está ahora mismo profundamente liberado.

De nuevo en el sentido contrario a través del cuerpo

➤ Sienta toda la zona de la cabeza y suelte otra vez la articulación de la mandíbula y el borde del cráneo.

➤ Sienta en qué amplitud reposan los hombros, cómo cuelga el brazo derecho y dónde toca con el suelo, cómo cuelga el brazo izquierdo y dónde toca con el suelo.

➤ Sienta cómo la espalda reposa sobre el suelo, desplazándose hacia abajo de vértebra en vértebra, comenzando en la zona cervical. Sienta el espacio entre los omóplatos, siga desplazándose hacia atrás hasta el sacro. Sienta cómo el sacro presiona sobre el suelo, deje colgar el coxis y siente cómo la base de la pelvis se relaja.

➤ A continuación, recorra la zona delantera del cuerpo. Sienta el movimiento de las costillas, el esternón, la expansión y la contracción del diafragma. Relaje su vientre y abra la zona de la ingle.

A veces siente muchas cosas, otras nada en absoluto

➤ La pierna izquierda cuelga firmemente de la articulación de la cadera. Sienta el muslo y la pierna. Perciba dónde reposa el talón izquierdo y cómo palpita la vida en todos los dedos del pie.

➤ Lo mismo para la pierna derecha: colgando de la articulación de la cadera. ¿Dónde reposan el muslo y la pierna? ¿Cómo percibe ahora el pie derecho? ¿Puede sentir cada uno de los dedos?

➤ Dirija de nuevo su atención hacia todo su cuerpo, desde la punta de los cabellos hasta las puntas de los dedos, y alégrese de que todos los órganos y células hagan su trabajo, sin que usted tenga que hacer nada para ello. Puede relajarse sintiendo

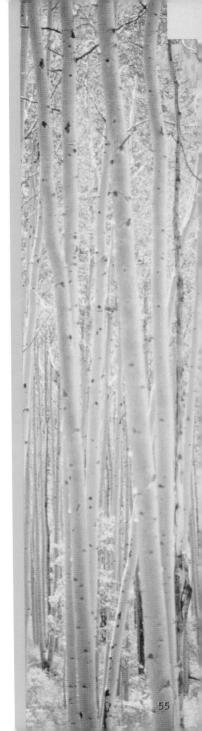

Tras el escáner corporal se sentirá relajado como un Buda.

las ondas de su respiración. Flote como en un colchón neumático en el ir y venir del flujo de la respiración. En el ir y venir, en la expansión y la contracción entréguese intensamente al ritmo de la vida.

Instantánea del final

Cierre esta unidad de práctica con una "instantánea" interna y compare la del inicio con la del final. Quizás, durante el rastreado del cuerpo algo le haya llamado la atención y no desee olvidarlo. Tome una nota interna de ello. Tómese su tiempo para levantarse. Puede recostarse y estirarse a placer, luego enderécese lentamente sobre un lateral del cuerpo, haciendo pausas, para que su circulación pueda volver a ponerse en orden.

La meditación de la respiración

Su respiración le conecta en todas las situaciones de la vida con el espíritu meditativo. En la segunda semana de práctica deberá concentrarse en él completamente.

La siguiente meditación de la respiración es la base de todas las técnicas posteriores que se presentan en este libro. Si la cantidad de indicaciones le hace un nudo en el espíritu y no tiene claro qué debería hacer ahora, simplemente haga sólo meditación de la respiración. Puede volver siempre a ella. La meditación nos enseña a registrar todas las sensaciones en primer lugar sin prejuicios y no se ancla en determinadas experiencias. Dado que la respiración cambia de segundo a segundo, nos recuerda que debemos permanecer con la atención en movimiento, la soltemos y continuamente regresemos de nuevo al aquí y ahora.

Aprender a sentir la respiración

➤ Acuda a su lugar de meditación y colóquese en su posición de meditación favorita. Practique unas cuantas veces la meditación de los siete puntos o dirija su atención de otro modo hacia su cuerpo e investigue cómo se siente.

➤ Concentrado en su cuerpo, se pregunta: ¿Dónde puedo percibir los movimientos internos de mi respiración? Ahí está la subida y la bajada del vientre, la expansión y contracción del tórax, la entrada y expulsión de aire en la punta de la nariz. Quizás percibe las derivaciones del movimiento de la respiración por movimientos musculares en la zona lumbar o en la base de la pelvis. Tómese su tiempo para explorar las distintas zonas de su cuerpo en las que puede percibir con mayor claridad las idas y venidas de la respiración.

) EN QUÉ
DEBE
FIJARSE

La respiración ha desarrollado su patrón en base a mecanismos de protección. Deje que encuentre su propio camino, y no la encorsete con expectativas y conceptos previos. En la meditación, su respiración siempre es correcta.

Centrarse en la percepción más evidente de la respiración

➤ Elija ahora una zona en la que la percepción sea más claramente apreciable para usted. La mayoría de las personas eligen el subir y bajar del tórax o el vientre o bien la entrada y la expulsión de aire por la nariz.

➤ Acompañe a partir de ahora en la zona del cuerpo que haya elegido el ir y venir de la respiración con una atención cada vez mayor. Perciba las diferencias que existen de un movimiento a otro. Cada inspiración se distingue en su duración, en el espacio que ocupa en el cuerpo, en las vibraciones del diafragma y en mucho más.

Aceptar la respiración tal y como es

➤ Es importante que explore su respiración con capacidad de asombro pero no debe intentar en modo alguno influirla o modificarla. Considere su respiración como un sabio líder al que desea aprender a conocer. Su respiración es siempre correcta dado que expresa su realidad y se transforma siguiendo el compás de su conciencia.

➤ Mientras está sentado en silencio regrese pacientemente a la percepción del movimiento de la respiración, incluso si su alma tiende a buscar un desvío hacia incontables pensamientos e ideas. Tranquila y persistentemente al mismo tiempo, acuérdese ahora de sentir la respiración.

Mantenerse en la percepción de la respiración

➤ Pensamientos, imágenes y recuerdos se mueven continuamente por su alma. Esto es completamente normal. No tiene influencia sobre ello. La meditación le enseña a dar un espacio a lo que ocurre en su espíritu y a limitarse a observarlo.

➤ En cuanto se dé cuenta de que sus pensamientos divagan, regrese a la percepción de la respiración, lejos de los pensamientos, hacia la corriente de aire que surge de su nariz, a la oscilación del vientre. Cuanto más a menudo haga este camino de regreso, más se concentrará su espíritu encontrando usted la paz interior.

Meditar sin presión competitiva

➤ La paciencia es un clásico "producto derivado" de la meditación. No se fije expectativas ni exigencias. No piense: "Mi meditación debería ser más tranquila". Ni tampoco: "Debería pensar menos". Basta con que usted perciba la inspiración y la espiración lo mejor que pueda. No debe percibir un número determinado de inspiraciones por minuto para notar un efecto beneficioso. La meditación no es un deporte de competición. Si usted se fija exigencias bajo presión, bloqueará con ello el flujo de la respiración y su espacio para la respiración se volverá desagradablemente angosto.

➤ En el momento en que perciba una tensión creciente, deje de concentrarse en su respiración, y dirija su atención durante un par de minutos a una zona agradable de su cuerpo. Vuelva a la percepción de la respiración cuando note una tendencia interior hacia ello.

➤ Durante el ejercicio, puede servirle de ayuda si acompaña de forma totalmente silenciosa el movimiento de la respiración con una "nota interna". Dígase a sí mismo "inspirar, espirar" o simplemente "dentro – fuera" siguiendo el movimiento de su respiración. El 95 % de su atención se dirige en ese momento a la percepción de la respiración, y sólo un 5 % se dirige a la nota interna. Con ello pone en armonía cuerpo y alma. Cuando usted dice "fuera" y en ese momento *inspira,* sabrá al instante que no está prestando atención.

> ## PALABRAS CLAVE DE LA MEDITACIÓN DE LA RESPIRACIÓN

1. ¿Dónde percibe más claramente la respiración?
2. Sentir la respiración, no pretender cambiarla.
3. Nota interna: inspirar – espirar.
4. Distinguir las sensaciones de las distintas inspiraciones.

La respiración – meditación en marcha

Vuelva a leer la introducción general sobre la meditación en movimiento a partir de la página 38.

➤ Permanece con los ojos abiertos al principio del camino. Dirija su mirada unos dos o tres metros hacia el suelo, delante de usted, y no permita que su mirada se pierda en el entorno. La vista atrae su atención con demasiada facilidad. Pero ahora usted quiere concentrarse en las sensaciones que surgen en su cuerpo al caminar. Lenta, conscientemente y erguido, avance paso a paso mientras percibe claramente cómo las plantas del pie tocan el suelo, cómo se elevan, cómo la pierna se dirige hacia adelante y el pie vuelve a apoyarse en el suelo.

➤ Siga el camino varias veces, hacia adelante y hacia atrás, hasta que se haya establecido un ritmo y se sienta a gusto en su cuerpo. Sienta en primer lugar el contacto de las plantas del pie sobre el suelo.

➤ Camine entonces a un ritmo tal que en cada paso haga una inspiración, y de este modo la respiración y los pasos estarán en armonía. Levante un pie mientras inspira, y mientras espira dirija la pierna hacia delante y apoye el pie en el suelo. Levante el otro pie mientras inspira, y mientras espira dirija la pierna hacia delante y apoye el otro pie en el suelo.

➤ Durante este sencillo ir y venir la atención permanece en la percepción sensorial del cuerpo y en la respiración, que sin embargo no puede percibir con tanto detalle como en posición sentada. Percibirá el gran flujo de la respiración hasta los pies.

➤ Si esta combinación de respiración-paso le parece demasiado rígida, olvídese de la respiración y perciba durante el tiempo de meditación restante simplemente el contacto de sus pies con el suelo.

) **REGLA BÁSICA DE LA MEDITACIÓN DE LA ATENCIÓN**

Su atención permanece en la percepción y regresa una y otra vez, cada vez que se aparta, a sentir la respiración.

Sienta el suelo sobre sus pies, paso a paso, al ritmo de su respiración.

Cómo reaccionar frente a las distracciones durante la meditación en movimiento

Si observa algo que le distrae, deténgase, perciba conscientemente lo que ve y continúe la marcha cuando desee volver a recuperar el ritmo de respiración-paso. Actúe de la misma forma frente a experiencias auditivas. Escucha el piar de un pájaro, se detiene, percibe conscientemente el sonido, continúa, inspirando cuando eleve el pie, espirando cuando lo apoye. Todas las formas de atención ayudan a alcanzar el objetivo de la meditación en movimiento. Por eso las distracciones son una parte importante de la práctica.

Si tiene dificultades con el equilibrio, puede significar que se esfuerza demasiado. Busque conscientemente la relajación, a continuación camine un poco, suavemente, por su camino de meditación, antes de volver a iniciar su práctica.

Meditación de la respiración y sensaciones corporales

Este ejercicio se realiza en la tercera semana, introduciéndose en las profundidades de su cuerpo, para que también se le confíen los rincones más recónditos. La meditación de la respiración seguirá siendo la base en los siguientes ejercicios, el ancla para sus experiencias.

PALABRAS CLAVE PARA SENSACIONES CORPORALES INTENSAS

● ¿En qué parte del cuerpo se establece la sensación intensa?
● Describa forma, volumen, contorno y características.
● Amplíe la zona que rodea la sensación corporal.
● Intente aceptarla, no cambiarla.
● Regrese a la percepción de la respiración cuando la sensación intensa lo permita.

Cuando usted se sienta en silencio y perciba su respiración puede ocurrir que su atención no pueda permanecer en la respiración porque una intensa sensación corporal aparece en primer plano. Siente quizás una insistente palpitación en los párpados, siente una molestia en el hombro, le duele el estómago o tiene dolor de cabeza. La paleta de las molestias corporales es infinita. En la meditación de repente se vuelve consciente de dolores para los que no dispone de tiempo en la vida cotidiana. En lugar de continuar negando estas señales, practique a través de la meditación para situar los problemas corporales en el centro de la atención hasta que surja una solución.

Distinguir y explorar las sensaciones corporales

➤ Cuando perciba que su atención es insistentemente desviada del camino de la respiración hacia un punto determinado de su cuerpo, deje a un lado la respiración y céntrese exclusivamente en esta sensación corporal. Explore el dolor en esta zona del cuerpo, de forma que siempre pueda regresar a ese punto con su atención.

➤ Sienta cuánto espacio ocupan estas sensaciones en su cuerpo. ¿Dónde se encuentra el centro de las sensaciones corporales desagradables o dolorosas? ¿Podría dibujar interiormente sus límites? Intente delimitar con su atención milímetro a milímetro la sensación desagradable. ¿Qué características puede identificar? ¿Siente calor, tirones, pinchazos, sofocos, vibraciones, picores, hormigueos? ¿Existen en este campo de sensaciones también sentimientos agradables? ¿Le llama la atención que entre las sensaciones corporales surjan también determinadas imágenes, pensamientos y recuerdos?

➤ Será un auténtico triunfo para usted cuando consiga no influir en forma alguna sobre este suceso. Naturalmente, no resultará fácil, porque siempre deseamos librarnos de las sensaciones desagradables tan rápido como sea posible. Sin embargo, el cambio vendrá de la mano de la aceptación. Imagínese que crea un espacio alrededor de cada percepción de forma que éste se extiende y usted lo acepta. Si, por ejemplo, tiene un nudo entre los omóplatos que le causa molestias, cree un vacío imaginario alrededor de la imagen de este nudo, de forma que se vuelva aún más grande. Explore el nudo como se ha descrito antes. No juzgue ni pretenda cambiar nada. Regrese una y otra vez a lo que percibe claramente en su cuerpo.

➤ Permanezca el tiempo necesario concentrado en la sensación desagradable hasta que sienta que ya no se opone a ella. Llegará un momento en el que sentirá que puede regresar a la percepción de la respiración, porque la intensa sensación ha perdido su empuje. A continuación, vuelva a percibir el ir y venir de la respiración, y mantenga el rítmico movimiento de la respiración en el centro de su atención apoyado por una nota interna, diciendo suavemente "dentro – fuera".

➤ Si tiene dudas sobre si su atención debe concentrarse en la respiración o en una sensación corporal, decídase siempre por la respiración. El cuerpo se expresa por norma con tanta energía que la atención de la respiración se excluye por sí misma.

La respiración – meditación y emociones

En la cuarta semana de práctica aprenderá cómo puede dar un espacio a sus sentimientos mientras medita, sin importar si sus sentimientos son de naturaleza espiritual o corporal. Se trata de aceptar todas las experiencias como lo que son.

) EN QUÉ DEBE FIJARSE

Cuando perciba que un sentimiento llena todo su espacio interior y reclama una y otra vez su atención, tómese su tiempo para comprender este sentimiento.

Junto a las sensaciones corporales, durante la meditación surgen en la conciencia emociones cambiantes. A menudo captamos sentimientos antes de percibirlos conscientemente. Quizás sintamos sólo una oposición imprecisa, vemos niebla frente a los ojos, nos sentimos cansados. A veces está ya muy claro: nos sentimos tristes, deprimidos, frustrados, llenos de rabia, melancolía o amor. Las personas nos comportamos de formas muy distintas en relación con nuestros sentimientos. ¿Cómo averigua cuánto poder tiene sobre usted un sentimiento? ¿En qué datos se basa? ¿Siente la energía del sentimiento en su cuerpo o en sus pensamientos? Procure no manipular los sentimientos, no reprimirlos ni reforzarlos. Permita a sus sentimientos fluir, de la misma forma que su respiración, sin verse limitado por expectativas e ideas preestablecidas (véase también página 19).

Reconocer e identificar sentimientos

➤ En esta meditación dirige su atención como es habitual a la percepción de la respiración. Si usted percibe que un intenso sentimiento aparta su atención de la respiración, deje a un lado la respiración y dirija toda su atención al sentimiento.

➤ ¿En qué lugar del cuerpo es perceptible el sentimiento? ¿Qué espacio ocupa? ¿Tiene un centro? ¿Un volumen? ¿Unos límites? ¿Siente la rabia en sacudidas en el estómago, o como pinchazos en el corazón? ¿Qué ocurre en su cuerpo cuando maldice en sus pensamientos? ¿Qué sucede si dirige toda su atención a la niebla que ciega sus ojos?

➤ ¿Puede reconocer si las emociones surgen de un punto determinado en el cuerpo, o si existe una fuente, una raíz de las emociones?

➤ Compórtese frente a las emociones de un modo similar al que ha empleado con las sensaciones intensas. Intente aceptar en la meditación todas las sensaciones tal y como son. Si encuentra un nombre para el sentimiento, pronúncielo internamente en voz baja: "Enfado – enfado" o "amargo – amargo" o "feliz – feliz", etc. Si no se le ocurre un término, no lo busque, limítese simplemente a sentir el proceso en el cuerpo.

➤ Los sentimientos son siempre una mezcla de procesos corporales y espirituales. ¿Qué fenómenos surgen al mismo tiempo en su espíritu cuando comienza a sudar a causa de la inseguridad? ¿Qué pensamientos, imágenes, planes, recuerdos y expectativas se relacionan con los celos, la envidia, la esperanza, la sed de venganza? (véase también páginas 23, 24).

Frenar los pensamientos recurrentes

➤ Quizás consiga no alimentar sus sentimientos más complejos con procesos recurrentes del pensamiento. En lugar de repetirse una y otra vez "Estoy triste, qué triste estoy", sería mejor si dijera "la tristeza me envuelve". O en lugar de "estoy furioso" diga "la furia me atrapa". Con ello filtra la identificación con uno mismo y la inmovilidad, y recuerda el constante ir y venir de los sentimientos. Si a continuación regresa a las sensaciones corporales y siente la respiración, podrá alcanzar aceptación y paz interior.

PALABRAS CLAVE PARA LA EXPLORACIÓN DE LOS SENTIMIENTOS

1. ¿En qué lugar del cuerpo se encuentra el sentimiento?
2. ¿Qué siento exactamente?
3. ¡Identifique el sentimiento!
4. Amplíe el espacio alrededor del sentimiento.
5. Regrese a la percepción de la respiración cuando el fuerte sentimiento se diluya en el cuerpo.

La respiración – meditación y pensamiento

En la quinta semana de práctica conseguirá familiarizarse con el poder del pensamiento. Aprenderá a distanciarse de los pensamientos y a liberarlos.

Al comenzar una práctica de meditación a menudo nos perdemos en pensamientos durante largos períodos. Los pensamientos zumban como un tren expreso cuando nos atraviesan. Nos alegramos cuando reconocemos en el horizonte de la meditación el último vagón de pensamiento y lo reconocemos: "¡El pensamiento, llega el pensamiento!" Mientras las sensaciones corporales y las emociones son manejables hasta cierto punto, las formaciones de pensamientos pasan como nubes, inasibles por el espíritu. Nos cuesta reconocerlos cuando estamos metidos en ellos. Necesitamos distancia para distinguir la forma de una nube.

) PALABRAS CLAVE PARA EL RECONOCIMIENTO DE LOS PENSAMIENTOS

1. Contar las inspiraciones: inspirar – espirar, uno...
2. Reconocer e identificar pensamientos.
3. Dejar que los pensamientos pasen como nubes.
4. Volver a contar y percibir la respiración.

Reconocer y liberar pensamientos

➤ Para desarrollar un olfato y reconocer el surgimiento de los pensamientos, en la quinta semana numerará inspiraciones y espiraciones. Sienta la inspiración – sienta la espiración, uno, inspirar – espirar, dos, inspirar – espirar, tres, etc. hasta diez, y vuelta a empezar.

➤ Si se pierde en la respiración y se da cuenta de que está pensando, regrese al uno, como si se tratara de un juego. Sienta la inspiración – sienta la espiración, uno. Usted piensa: "Vaya, hoy está yendo todo bien", vuelta al uno. Sienta la inspiración, la espiración. Uno. Piensa: "Ojalá fuera todos los días así de fácil meditar. Tengo que enseñarle esto a mi madre. Seguro que le vendría muy bien. Porque últimamente...". Y ya se ha vuelto a perder en pensamientos. Deberá recordar: "Quiero realmente

estar atento". Esto también es un pensamiento. De nuevo: inspirar – espirar, uno. Ya lleva unos minutos meditando y todavía no pasa de uno. Así le ocurre a todo el mundo al principio.

➤ Debe estar satisfecho por su paciencia en persistir. Inspirar – oh. Espirar – ah. Dos. "Ya sabía yo que hoy iba a ser la cosa fácil". Piensa. Regreso a la respiración, regreso al uno.

➤ No se castigue internamente a causa de sus pensamientos, los pensamientos no son en ningún caso malos, aquí sólo se trata de reconocerlos y no colgarse a ellos cuando lo que queremos es prestar nuestra atención a la respiración. La meditación nos muestra hasta qué punto estamos dominados por el pensamiento, sin ser conscientes de ello. La pequeña nota interna también puede ser de ayuda. Considere a los pensamientos como mariposas que usted atrapa, les da un nombre ("pensar – pensar") para a continuación liberarlos (véase también páginas 20, 21).

Cada comportamiento se corresponde con un pensamiento. Pero sólo usted decide qué pensamientos realiza y cuáles no.

La meditación metta para uno mismo

Con esta práctica metta cubrirá su esencia con el cálido abrigo de la aceptación y la benevolencia. Aprenderá a abrir su corazón.

Mientras que en las prácticas anteriores ha dirigido su atención continuamente a la percepción de la respiración, en la sexta semana de práctica va a elegir un objeto de meditación completamente nuevo. Cumplido el deseo de desarrollar benevolencia hacia sí mismo, céntrese en la percepción de su corazón y recuerde regresar siempre a sus cuatro frases metta. Concentrando su espíritu en los cuatro deseos metta, evitará que pueda llenarse con pensamientos negativos. Con la práctica metta construye una base espiritual de continua benevolencia que le será de ayuda en todas las situaciones.

) EN QUÉ
DEBE
FIJARSE

Utilice la energía de las frases metta cuando no se encuentre bien consigo mismo. En lugar de cuestionar su autoestima, envíese metta a usted mismo.

Tratarse siempre con afecto

➤ Colóquese en una posición de meditación en la que se sienta especialmente relajado y tranquilo al mismo tiempo. Se imagina que el Sol brilla en su cuerpo y se siente cálido y a salvo.

➤ Explore con su atención los puntos de apoyo de su cuerpo sobre el suelo y dibuje la silueta de las superficies de contacto.

➤ Ahora la atención se dirigirá a la zona de su cuerpo que denomina "mi corazón". ¿Dónde sitúa su imaginación su corazón? No tiene por qué ser el lugar en el que palpita el corazón fisiológico. Sienta el espacio que rodea su corazón, y deje que se amplíe y se abra.

➤ Imagínese que su corazón también es bañado por la luz solar y que una flor maravillosa crece en su corazón. Observe con atención la flor en su belleza y perfección natural. Perciba cómo el espacio del corazón se inunda con los colores de la flor y se continúa abriendo.

Hablar desde el fondo del corazón

➤ Dígase a sí mismo desde lo más profundo de su corazón: *Desearía ser feliz*. Repita esta frase un par de veces. ¿Le llega? Si esta combinación de palabras no le va bien, también puede decir: *Desearía vivir en paz*.

➤ Quizás prefiera utilizar la forma "tú" y decirse: *Desearías ser feliz. Desearías vivir en paz*. Pruebe las versiones con "yo" y "tú" y decídase por una de las variantes para utilizarla en el futuro. Pronuncie la frase lentamente, y haga una pausa antes de repetir: *"Desearía ser feliz"*. Cuando esta frase cobre sentido después de unos minutos, pase a la segunda frase.

➤ Ahora se trata del deseo de vivir sin peligros. La versión clásica dice: *Desearía vivir libre de peligros internos y externos*. Yo prefiero decir: *Desearía sentirme protegido*. O bien: *Desearía vivir a salvo y seguro*.

Encontrar una formulación con sentido

➤ Pruebe distintas versiones de la frase para averiguar qué formulación le transmite seguridad interior. Si elige palabras propias, construya una frase positiva, corta y sucinta en forma de deseo.

➤ En cuanto la segunda frase cobre sentido para usted, añádala a la primera frase y repita ambos deseos de nuevo, uno detrás de otro: *Desearía ser feliz, desearía sentirme seguro y a salvo*.

Hablar rítmica y directamente

➤ Hable consigo mismo de forma directa y consciente, para poder sentirse aludido. ¿Qué sensación corporal se relaciona con esto? ¿Qué sentimientos surgen? Después de un comienzo dubitativo, las frases comienzan a tener un ritmo. Se dará cuenta también de que no puede pensar en otra cosa. Esta es la gran ventaja de la meditación metta. Practica la concentración y no se entrega a corrientes de pensamientos desagradables.

➤ Añada ahora a las dos primeras frases la tercera: *Desearía estar sano.* Repita todas las frases durante un par de minutos.

➤ Finalmente llega la cuarta frase, que surge del deseo de vivir el día a día en libertad sin grandes preocupaciones ni conflictos: *Desearía vivir despreocupado.* O bien: *Desearía poder disfrutar de un corazón tranquilo.*

➤ Deje que las tres primeras frases reposen. Practique la cuarta frase hasta que adquiera una forma aceptable, y añádala entonces a los tres primeros deseos. Pronuncie ahora las cuatro frases, una tras la otra, siempre en el mismo orden.

➤ Observará que olvida determinadas frases regularmente, que el orden no es el correcto, que olvida la frase siguiente. Estas dificultades de concentración son parte de la práctica. Se dará cuenta de lo que no funciona, continuará sin regañarse, y seguirá buscando una secuencia sencilla y clara de los cuatro deseos metta.

LOS CUATRO DESEOS METTA

1. **Desearía ser feliz.**
2. **Desearía sentirme a salvo y seguro.**
3. **Desearía estar sano.**
4. **Desearía vivir despreocupado.**

Cómo superar las oposiciones a la práctica

En mis cursos metta siempre existen algunas personas a los que les parece imposible pronunciar estos deseos por sí mismos. Dicen: "No gano nada con eso", "No valgo para esto". Si le ocurre lo mismo, envíe sus deseos metta en primer lugar a una persona que sienta cercana y a la que aprecie, pero hacia quien no sienta ningún deseo sexual. En la práctica metta intentamos filtrar el deseo sexual del flujo del amor, para que se pueda extender libremente y sin condiciones. Dirija sus frases metta a una buena amiga, a su mascota o a alguien al que aprecie mucho, pero con el que ya no tenga contacto directo. Debe proporcionarle alegría colmar a su "vecino" de corazón de cariño y amor. Cuando haya hecho esto durante algunas semanas y haya practicado simplemente "estar-en-amor", vuelva a intentar dirigir los deseos metta a sí mismo. ¿Le resulta ahora más fácil? Puede permanecer todo el tiempo que desee con quien esté cercano a su corazón.

Metta para uno mismo crea amor para los demás

Puede practicar todo el tiempo que desee y con la frecuencia que quiera la meditación metta. A alguna gente le crea mala conciencia. Temen ser egocéntricos. A determinada gente, yo les puedo tranquilizar: Todas las formas de egoísmo se basan en un vacío interior y en hambre del amor que uno no puede proporcionarse. Metta por sí mismo cura y sacia el ansia de atención que ataca a todos los egocéntricos. Quien practica metta por sí mismo se presta a sí mismo una necesaria atención benevolente, y automáticamente se vuelve frente a sus semejantes más abierto y afectuoso.

La meditación metta para los demás

En cuanto haya experimentado el efecto beneficioso de la meditación metta sobre sí mismo, deseará transmitirlo. En la séptima semana de práctica dedíquese por tanto a los demás.

Para irradiar benevolencia debemos sentirnos bien con nosotros mismos. Por eso, en la meditación metta remarcamos tanto la importancia de una postura cómoda, no importa si estamos sentados, caminamos o estamos tumbados.

Dirigirse al mundo afectuosamente

➤ Su atención está anclada al espacio del corazón, que late vigorosamente, se extiende y se abre. El calor que fluye desde su corazón llena el entorno del mismo y el espacio en el que se encuentra. De la misma forma que los rayos de luz se extienden incansables por todas las direcciones del cielo, hacia arriba y hacia abajo, así atraviesan los deseos metta el universo afectando a los seres a los que desee dedicar una especial atención.

➤ Recuerde a una persona que le haya aportado mucho bien, alguien que haya sabido alentarle y que haya podido aceptarle tal como es usted. Quizás tuvo un mentor durante su formación o un entrenador en su club deportivo. Quizás recuerde a una profesora o a un viejo amigo o pariente que le allanara el camino. Comenzamos nuestra selección de semejantes con los benefactores, porque en nuestra relación con ellos vibra además la gratitud, un sentimiento que nos ayuda a abrirnos a los demás.

➤ Vea a esta persona con su ojo interior sentada frente a usted, a una distancia que le resulte agradable y que al mismo tiempo le de la sensación de accesibilidad.

➤ Dirija los deseos metta que ha pronunciado ante sí mismo ahora en la forma "tú", hacia el corazón de la otra persona. Vea a la persona elegida frente a usted y sienta la corriente de la benevolencia entre usted y su benefactor/-a.

➤ Repita como antes, a un ritmo tranquilo y dirigiéndose claramente a su semejante:
Desearías ser feliz.
Desearías vivir en paz.
Desearías estar sano.
Desearías vivir despreocupado.

➤ Permanezca el tiempo que desee con esta persona.

Abrir aún más el corazón

➤ Si desea cambiar, elija a un buen amigo o amiga de su entorno cotidiano. Dirija a esta persona los deseos metta de la misma forma. Puede elegir tanto a personas individuales como grupos de gente de todo tipo, sus compañeros de trabajo, el equipo de cirujanos del hospital, todos los que sienten dolor en este momento, todos los que están presos, todos los que acaban de nacer o tienen que morir. Puede utilizar la forma "tú" o "Usted", como le resulte más conveniente.

➤ Dé rienda suelta a su intuición. Cuanto más extienda su corazón por el mundo, percibirá con menos precisión a quién se dirige. Esto no importa. Piense firme y claramente en personas, animales, plantas, todos los que puedan necesitar su afecto y atención. Si este radio le resulta demasiado amplio, redúzcalo, permanezca junto a lo más cercano, piense en personas concretas. Como antes, esta práctica debe proporcionarle alegría.

Metta funciona en todos los ámbitos

➤ La claridad de su pensamiento metta dará sus frutos antes o después, y llegado el momento sabrá de qué frutos se trata. Si

muestra paciencia y generosidad hacia las personas, cuando normalmente suele mostrarse cerrado, si escucha a otros con más atención, si permanece al lado de un amigo que es desgraciado o se alegra incondicionalmente por otra persona, podrá crear espontáneamente una relación con su práctica de la meditación, y se lo podrá creer (véase también pág. 27 y siguientes).

Meditación metta en movimiento

➤ Si desea realizar la meditación metta mientras camina, continúe las indicaciones ya explicadas dirigiendo su atención a las frases metta en su espíritu en lugar de dirigirla a la respiración y al contacto de los pies con el suelo. Durante la meditación metta en movimiento la atención permanece anclada en el espíritu. Va de un lado a otro sin prestar una especial atención a las percepciones sensoriales, sino que se concentra en la continua enunciación de las frases metta. También es posible en la meditación en movimiento combinar sucesivamente la percepción metta y la de respiración. Puede probar asímismo una forma no muy estricta de meditación en movimiento practicando la meditación metta en la vida cotidiana. En un paseo, de camino al trabajo o en el gimnasio las frases metta pueden enmarcar acontecimientos cotidianos y modificar con ello el estado de ánimo y la experiencia. Conserve la práctica en su corazón. Cuanto más hable de ello con los demás, antes se disipará la energía positiva que acaba de construir.

) **DESEOS METTA PARA LOS DEMÁS**

1. Para una persona de la que haya recibido mucho.
2. Para buenos amigos del entorno cotidiano.
3. Para grupos de personas que tiene cerca o también lejos.
4. Para animales, plantas y todo el Universo.

La energía de la actitud interna

En las siete últimas semanas ha llevado a cabo los pasos
necesarios para la exploración del mundo meditativo. En la
última semana de práctica puede combinar de forma intuitiva
las meditaciones y decidir si prefiere ser estimulado o sosegado
de forma beneficiosa.

Espero que actúe de forma afectuosa y generosa. Su actitud
definirá el camino hacia su interior. Que alcance sus fuentes de
energía originarias dependerá de cómo supera los obstáculos en
su interior, de cómo se enfrenta a su lado oscuro. Si se lleva a sí
mismo pacientemente de la mano, el crecimiento y la
trasformación son posibles. Necesitará comprensión hacia sus
errores y debilidades. Si practica continuamente con paciencia y
confianza, podrá florecer y experimentar con más intensidad la
riqueza que le aporta su mundo interior.

Todas las dificultades que le acompañen durante la meditación
son una llamada reclamando más comprensión y empatía.
Todos los bloqueos se solucionarán con constancia y humildad.
En la meditación se conoce a sí mismo en relación con su propia
vida. Sus luchas y dudas se reflejan en ello, igual que su suerte.
Unas veces, la meditación es un puro disfrute, otras uno sólo
desearía escaparse. Se nos estimula a abrazar los altibajos y a
permanecer sentados. Con total atención profundizamos en lo
que nos enseña el momento presente. Finalmente, no queda más
que hacer que volvernos a traer al aquí y ahora.

Cuanto más profundicemos en la meditación, más segura será la
conexión con las fuentes originarias y nuestro hogar interior.
Espero que este libro le ayude a conquistar la valiosa fuerza de la
meditación y a perfeccionarla durante toda la vida.

Glosario

Libros de interés

Libros recomendados

Belling, Noa: *Yoga*; Ed. Edimat Libros. España.

Grillparzer, Marion/Kittler, Martina: *Eliminando grasas*; Ed. Edimat Libros. España.

Hanche, Christian F.: *Tai Chi*; Ed. Edimat Libros. España.

Jeanmaire, Tushita M.: *Empezar el día con energía*; Ed. Edimat Libros. España.

Kuhn, Dörte: *Con curvas y en forma*; Ed. Edimat Libros. España.

Kuhnert, Christin: *Supercuerpo con pilates*; Ed. Edimat Libros. España.

Lamond, Patricia: *Pilates*; Ed. Edimat Libros. España.

Land, Amber: *Yoga para embarazadas*; Ed. Edimat Libros. España.

Lockstein, Carolin/ Faust, Susanne: *Chill out*; Ed. Edimat Libros. España.

Regelin, Petra: *Estiramiento muscular*; Ed. Edimat Libros. España.

Renssen, Mariëlle: *Meditación y relajación*; Ed. Edimat Libros. España.

Rowen, Bernie: *Masaje*; Ed. Edimat Libros. España.

Rüdiger, Margit: *Un cuerpo en forma caminando*; Ed. Edimat Libros. España.

Sator, Günther: *Feng Shui para el amor*; Ed. Edimat Libros. España.

Schmauderer, Achim: *Espalda fuerte*; Ed. Edimat Libros. España.

Schmidt/Helmkamp/Winski: *Entrenamiento para todo el cuerpo*; Ed. Edimat Libros. España.

Schutt, Karin: *Masajes relajantes*; Ed. Edimat Libros. España.

Trökes, Anna: *Fuerza a través del yoga*; Ed. Edimat Libros. España.

Tschirner, Thorsten: *Abdomen, brazos y pecho*; Ed. Edimat Libros. España.

Wade, Jennifer: *Figura espléndida con la cinta mágica*; Ed. Edimat Libros. España.

Agradecimientos

Por su generoso préstamo en el marco de la producción fotográfica, nuestro más sincero agradecimiento para las siguientes empresas de Múnich:
Kokon, Lenbachplatz 3, 80333 Múnich (Alemania); Obertonhaus, Pestalozzistr. 30, 80469 Múnich (Alemania)

SALUD Y VIDA

La colección perfecta para mejorar cuerpo y mente

JENNIFER WADE

Moldea
tu cuerpo

- El concepto M3: más resultados en menos tiempo
- Programas individuales para cinco tipos de cuerpo diferentes

ACHIM SCHMAUDERER

Ejercicios para la espalda

Sin dolor, ágil y relajante
Para fortalecer y estirar la espalda

BARBARA MARCKHGOTT

Pilates
Vistoso, intenso y ágil

- Suave y efectivo: el método de entrenamiento
- Ideal para todo el cuerpo
- Planificación individual de entrenamiento

ANDREAS W. FRIEDRICH

Tai Chi Chuan
Meditación en movimiento

- Reduce el estrés mediante suaves movimientos
- Libere los bloqueos de energía y fomente su fuerza interior

MARIE MARKSCHATZ

Meditación
·Más claridad y paz interior

- Más atención y tranquilidad para su vida cotidiana
- Abra tu corazón para usted y para los que lo rodean

WILHELM MERTENS | HELMUT OBERLACK

Qigong
Relajante, tranquilizador y revitalizador

- Encuentre el equilibrio de su cuerpo, su mente y su espíritu
- Acumule energía y libérese de las tensiones

DR. MED. DELIA GRASBERGER

Entrenamiento autógeno

- Método fácil de relajación y revitalización
- Curso básico de siete semanas
- Resultados perceptibles en muy poco tiempo

IRENE LANG-REEVES / DR. THOMAS VILLINGER

Ejercicios pélvicos
Entrenamiento para conseguir más energía

- Ejercicios eficaces y divertidos
- Entrenamiento posible para todos los días

PETRA GENSLER

Kinesiología

- Reducción del estrés mediante el equilibrio de la energía
- Ayuda rápida contra las tensiones y los dolores cotidianos

ANNA TRÖKES

Yoga
Mayor energía y calma

- Comenzar la jornada como nuevo y con agilidad
- "Desconectar" de la rutina diaria: una nueva dimensión del relax

DR. FRIEDRICH HAINBUCH

Relajación muscular
de Jacobson

- Libera las tensiones, tanto corporales como espirituales
- Ejercicios fáciles, resultados rápidos
- Extra: ejercicios de respiración para intensificar los efectos

Créditos

Indicaciones importantes

El contenido del siguiente manual ha sido cuidadosamente analizado y está respaldado por la práctica. Se invita a todos los lectores a decidir por sí mismos si desean poner en práctica (y hasta qué punto) los ejercicios y recomendaciones incluidos en el libro. La autora y la editorial no se responsabilizan si no es así de los resultados. Si surgen dolores y/o molestias orgánicas persistentes, deberá consultarlo con un médico. Las prácticas aquí incluidas pueden acompañar a un tratamiento médico y servir de apoyo para éste, pero no sustituirlo.

Copyright © EDIMAT LIBROS, S. A.
C/ Primavera, 35
Polígono Industrial El Malvar
28500 Arganda del Rey
MADRID-ESPAÑA

Publicado originalmente con el título Meditation.
© 2005 por Gräfe und Unzer Verlag GmbH, Munich
Derechos de propiedad intelectual de la traducción a español: 2006 © por Edimat Libros

Colección: Salud y vida
Título: Meditación
Autor: Marie Mannschatz
Traducido y maquetado por: Seven
Impreso por: Lavel, S. A.

ISBN: 84-9764-823-4
Depósito legal: M-7255-2006

IMPRESO EN ESPAÑA – PRINTED IN SPAIN